«Esta obra es de una necesidad enorme. [...] ya sean pymes o multinacionales cotiza fondo procesos de emprendimiento con puesta a las demandas de un mundo empresarial en el que la velocidad de cambios es exponencial. El profesor Riera es un gran experto en esta materia y pone a disposición del lector una metodología para institucionalizar el proceso de emprendimiento corporativo. Animo al lector a disfrutar de este libro, plagado de múltiples y enriquecedores ejemplos vividos a lo largo de su larga experiencia».

Manuel Bermejo
Presidente de The Family Advisory Board
y profesor de IE Business School.

«Vivimos en tiempos de cambio constante y las organizaciones están reinventándose para adaptarse a un cliente nuevo y una competencia cada vez más feroz. En *Impulso* encontrarás una guía estructurada y plagada de ejemplos sencillos, de cómo las personas con carácter emprendedor, son una herramienta fundamental para acompañar a las empresas en sus complejos procesos de cambio. Un libro sencillo, didáctico y muy ilustrativo sobre un camino necesario que todas las organizaciones deben emprender cuanto antes».

Mosiri Cabezas
Country Digital Manager en IKEA Spain

«Una buena aproximación al intraemprendimiento, pragmático y ordenado, aporta el enfoque necesario para liberar el potencial innovador latente».

Eduardo Dominguez-Puerta
Deputy CEO y COO en A^3, centro de proyectos avanzados
e innovación disruptiva de Airbus en Silicon Valley.

«El cliente está cambiando la forma en la que demanda productos y servicios; esto implica que debemos actuar de una forma muy distinta a como lo hacíamos años atrás. Para ello es necesario mirar fuera de las organizaciones pero también observar dentro. Debemos identificar y captar oportunidades, explorar nuevas ideas, ser capaces de crear compromiso e ilusión, diseñar espacios y ecosistemas de emprendimiento e innovación, pensar como *startups* y desarrollar las capacidades internas de los componentes de la organización, desde la detección de iniciativas hasta la implementación de soluciones, desde la misma idea hasta la comercialización. La suma de todo ello, hará que podamos incorporar una verdadera cultura de innovación en las organizaciones y entender la manera en que las empresas pueden entregar, transformar y recuperar valor».

Maite Hernández Presas
Digital Strategy Lead &
Pfizer Spain Foundation Lead

«En la realidad empresarial actual, la única constante es el cambio. Para progresar las empresas necesitan activar la curiosidad, la inquietud por mejorar... en definitiva, la capacidad empresarial de todas las personas que la componen. Y además... es mucho más divertido. ¡Bienvenidos los rebeldes!».

Isla Ramos Chaves
Exdirectora ejecutiva de Midmarket Lenovo en Europa, Oriente Medio y África (y actualmente, rebelde en activo)

ãᵉ
colección acción empresarial

IMPULSO

LAS 5 PALANCAS
PARA ACTIVAR EL
INTRAEMPRENDIMIENTO

Joan Riera y Tomás Soler
Prólogo de Bill Aulet

IMPULSO

LAS 5 PALANCAS PARA ACTIVAR EL INTRAEMPRENDIMIENTO

LID

MADRID   BARCELONA   BOGOTÁ
MÉXICO D.F.   MONTERREY   BUENOS AIRES
LONDRES   NUEVA YORK   SAN FRANCISCO   SHANGHÁI

Comité Editorial de la colección de Acción Empresarial: José Luis Álvarez, Ángel Cabrera, Salvador Carmona, Germán Castejón, Guillermo Cisneros, Marcelino Elosua, Juan Fernández-Armesto, José Ignacio Goirigolzarri, Luis Huete, María Josefa Peralta, Pilar López, Pedro Navarro, Pedro Nueno, Jaime Requeijo, Carlos Rodríguez Braun, Susana Rodríguez Vidarte y Santiago de Torres.

Colección Acción Empresarial de LID Editorial Empresarial, S.L.
Sopelana 22, 28023 Madrid, España - Tel. 913729003 - Fax 913728514
info@lideditorial.com - LIDEDITORIAL.COM

A member of: **BPR**
Business Publishers Roundtable.com

No está permitida la reproducción total o parcial de este libro, ni su tratamiento informático, ni la transmisión de ninguna forma o cualquier medio, ya sea electrónico, mecánico, por fotocopia, por registro u otros métodos, sin el permiso previo y por escrito de los titulares del *copyright*. Reservados todos los derechos, incluido el derecho de venta, alquiler, préstamo o cualquier otra forma de cesión del uso del ejemplar.

Editorial y patrocinadores respetan los textos íntegros de los autores, sin que ello suponga compartir lo expresado en ellos.

© Joan Riera y Tomás Soler 2017
© Bill Aulet 2017, del prólogo
© LID Editorial Empresarial 2017, de esta edición

EAN-ISBN13: 9788416894543
Directora editorial: Jeanne Bracken
Editora de la colección: Laura Madrigal
Corrección: Cristina Matallana
Maquetación: produccioneditorial.com
Ilustraciones: realizadas con Stripgenerator.com
Diseño de portada: Juan Ramón Batista
Impresión: Cofás, S.A.
Depósito legal: M-24066-2017

Impreso en España / *Printed in Spain*

Primera edición: septiembre de 2017

Te escuchamos. Escríbenos con tus sugerencias, dudas, errores que veas o lo que tú quieras. Te contestaremos, seguro: queremosleerteati@lideditorial.com

ÍNDICE

Prólogo de Bill Aulet 11
Agradecimientos 17
Introducción 19

PARTE 1
¡Bienvenidos los rebeldes!

1   Intraemprendimiento 25
2   Las fuerzas que nos empujan a innovar 26
3   Características de los emprendedores 30
4   Qué es el emprendimiento corporativo 33
5   Innovación incremental frente a innovación disruptiva
    o radical 35

PARTE 2
Las 5 palancas del intraemprendimiento

6   **El método** 41

Palanca 1: la estrategia 47
    Con esta palanca se consigue 49
    Antes de empezar, ¿cuál es tu estrategia corporativa? ... 51
    Los grandes retos de la estrategia emprendedora 53
    Reflexión + Definición = Plan estratégico de
    intraemprendimiento 53
    El difícil equilibrio entre libertad y control 56
    Los *sponsors* y los campeones del
    intraemprendimiento 58
    Herramientas clave: *Corporate Entrepreneurship
    Assesment Instrument* (CEAI) 61
    Innovar con emprendedores: el *corporate venturing* ... 62
    La estrategia de porfolio 65

Caso Grupo Agbar: Innovar mediante estrategias de *corporate venturing* 64
Entrevista: Juan Luis Rodríguez Sánchez del Álamo, subdirector de Innovación del Repsol S.A 68
Conclusiones 72

Palanca 2: el ecosistema 73
Con esta palanca se consigue 75
Las barreras al talento intraemprendedor 79
Detectar a los intraemprendedores 81
Herramientas clave: Programa de innovación Adobe Kickbox 82
Estructuras organizativas dinámicas 84
Espacios de trabajo que inspiran 85
Nuevos sistemas retributivos 86
Formación y Entrenamiento 87
Caso Shell: La meditación para mejorar la innovación 89
La gestión del no y la motivación 91
El desafío de los *millennials* 92
Entrevista: María Cardenal, directora de Innovación y jefa de Desarrollo de Producto de Vueling Airlines, S.A. ... 94
Conclusiones 99

Palanca 3: la captación y el filtrado 101
Con esta palanca se consigue 103
Cómo nacen las buenas ideas 106
Caso: El itinerario. Los primeros pasos, evolución e intensidad de una idea de negocio 108
Generando ideas 109
Proceso para el tratamiento de las ideas 111
Identificar las oportunidades 114
Convertir oportunidades en proyectos 115
Configurar las iniciativas empresariales 118
Herramientas clave: *Hackathon*, un enfoque distinto 119
Filtrar y seleccionar las ideas de negocio 120
Herramientas clave: Siete criterios para la evaluación de un proyecto 122
Presentar y «vender» el proyecto 125

Herramientas clave: Tablas de evaluación de proyectos   128
Herramientas clave: Dotación de recursos,
acompañamiento e incentivos en cada etapa   129
Atrapados en el embudo de la innovación........................   131
Entrevista: Gonzalo Martín-Villa, director de
innovación de Telefónica y fundador de Wayra.   132
Conclusiones   141

Palanca 4: la puesta en marcha..   143
Con esta palanca se consigue..   145
Impulsar una iniciativa empresarial......................................   147
Refinamiento, formalización y explotación..........................   151
Ejemplo: Proyectos que se quedan por el camino;
la gestión del fracaso..   152
El dilema del control   154
Ejemplo: Del Gore-Tex® a las cuerdas de guitarra Elixir® ...   155
Entrevista: Mireia Torres Maczassek, directora de
I+D+i del Grupo Torres y de las Bodegas Jean Leon
y Torres Priorat; Josep Batet, personal de dirección
general, y Enrique Belda, innovación empresarial
de Bodegas Torres..   157
Conclusiones   165

Palanca 5: el cuadro de mando..   167
Con esta palanca se consigue..   169
La misión del cuadro de mando...   170
Alcance y requerimientos previos   172
Indicadores que funcionan..   173
Ejemplo: Cuadro de indicadores basado en un caso real   178
Visualizar el cuadro de mando..   182
Implementar el cuadro de mando   182
La comunicación de los resultados......................................   183
Tendencias de futuro y *big data*...   184
Entrevista: Ivan Bofarull, director de Global Insights
& Strategic Initiatives en ESADE Business School   185
Conclusiones   192

7 A destacar..   193

Notas   197

PRÓLOGO

El mundo de los negocios cambia y se transforma a gran velocidad. Es un hecho que las *startups* que nacen con una visión global y ambición innovadora juegan un papel fundamental en el dinamismo de la economía mundial. Hace 25 años prácticamente nadie quería ser emprendedor, este era un término poco usado y prácticamente desconocido. Durante este período, la emprendeduría se ha convertido, gracias a los ejemplos más mediáticos y a las historias de éxito, en una profesión de prestigio y respetada por todo el mundo. Ser emprendedor es divertido y aparentemente genial. Muchos de los jóvenes con talento ambicionan ser emprendedores.

Los emprendedores resuelven problemas, crean negocios, conocimiento, puestos de trabajo, aportan soluciones que no resuelven los gobiernos o las grandes empresas y transforman la sociedad.

Las empresas emergentes innovadoras (*startups*) arriesgan en todos los ámbitos de la economía y son más necesarias que nunca como motor de la economía y el cambio. Los gobiernos y la sociedad en general apoyan el emprendimiento, no por ser una moda sino porque al hacerlo se aportan soluciones no cubiertas.

El ecosistema emprendedor atrae talento joven, crea entornos de trabajo más agradables y entusiastas y permite individualmente controlar el propio destino, explotar la creatividad, desarrollar ideas propias con independencia e implantar la cultura corporativa propia.

Este nuevo escenario no es ajeno a las empresas ya establecidas y consolidadas que ven amenazado su estatus por la aparición de nuevos competidores con enfoques radicalmente innovadores: nuevos modelos de negocio que les roban cuota de mercado o atraen al talento del que disponen o del que habrían dispuesto con anterioridad mediante unos salarios más altos.

Este fenómeno no es pasajero, es una realidad consolidada y las empresas han entendido finalmente que deben reaccionar a esta situación transformándola en una oportunidad de mejora y de crecimiento. Para ellas, no sólo está en juego una parte de su mercado sino también la supervivencia y viabilidad de la compañía.

Las organizaciones con estructuras de grandes dimensiones, procesos de toma de decisión lentos, burocratizadas, con una alta aversión al riesgo y culturas demasiado rígidas, carecen del vigor necesario para innovar y tienen todos los ingredientes para desaparecer tarde o temprano. La transformación interna necesaria pasa por intentar recuperar parte de ese espíritu que con toda seguridad tenían cuando fueron creadas pero también por dotar a la empresa de nuevos mecanismos y metodologías hasta ahora inexistentes.

Las grandes organizaciones necesitan potenciar perfiles de «piratas» internos que naden a contracorriente, que sean visionarios, que arriesguen, piensen de forma distinta, sean creativos y aporten un valor del que actualmente la gran mayoría carece o, peor aún, reprime.

Este libro es un excelente punto de partida para que las grandes organizaciones reaccionen a la situación actual proporcionando una metodología rigurosa para introducirse en el emprendimiento corporativo y conseguir transformar el espíritu interno de la empresa, así como una caja de herramientas para dinamizar la innovación, promover el emprendimiento corporativo y entender los procesos y las formas de colaboración con el nuevo entorno donde continuamente emergen nuevas empresas.

Joan Riera y Tomás Soler han desarrollado la metodología de las cinco palancas que, de manera gráfica, nos guía en el desarrollo del emprendimiento corporativo.

La primera palanca aborda la definición de la estrategia. El impacto a corto plazo es importante pero también hay que pensar en el largo plazo y aprender a revisar su estrategia con frecuencia para ser flexible y proactivo. Cualquier acción debe contar con el apoyo del accionista y del equipo directivo superior. La alineación con la estrategia corporativa es un factor de éxito clave para maximizar el impacto.

En la segunda palanca, los autores plantean el establecimiento de un ecosistema amigable para los emprendedores y la innovación. Definir un plan de acción a cinco años para promover el cambio de forma gradual y la innovación en la cultura de su organización, enfatizando la creación de valor y la coordinación del equipo en comparación con la seguridad y la estabilidad. Rediseñar procesos para acelerar los tiempos de decisión y agilizar la burocracia interna. Reconocer nuevos valores que permitan la tolerancia a los errores bien intencionados y estar dispuestos a asumir riesgos razonables. Adoptar metodologías *lean startup* en nuevos proyectos para asignar recursos gradualmente al validar supuestos clave. Además, el proceso posibilitará identificar a las personas motores del cambio y ayudará a retener a los líderes en su empresa.

La tercera palanca, la captación y el filtrado de ideas, nos permite detectarlas, seleccionarlas y convertirlas en oportunidades. Mediante un diseño de embudo, nos ayuda a evaluar paso a paso las nuevas ideas y proyectos que se desarrollarán después. Es muy importante establecer los criterios de selección correctos para validar la viabilidad de las ideas y minimizar el riesgo al error en todas las etapas.

La puesta en marcha es la cuarta palanca y nos permite entrar en una fase crucial para obtener un impacto real dentro de la compañía como es la ejecución. La planificación es necesaria, pero no es suficiente. Lanzar un nuevo proyecto en una empresa existente puede ser un desafío.

Finalmente, la quinta palanca trata el cuadro de mano de la innovación que nos permite, mediante la definición de indicadores que proporcionarán información sobre el desempeño de las diferentes etapas del proceso, tener información de la evolución, estado y resultados. Todos los procesos de innovación y emprendimiento corporativo deben ser correctamente monitorizados para poder aprender, mostrar resultados y verificar su correcto funcionamiento. En esta etapa aprenderás a diseñar su panel de innovación para ofrecer resultados tangibles, mostrar el retorno de sus inversiones y gestionar mejor el desarrollo y crecimiento empresarial.

Al igual que la formación, el emprendimiento se ha profesionalizado enormemente en los últimos años, demostrando que se puede aprender a ser emprendedor. Este libro demuestra que también las organizaciones pueden adoptar nuevas técnicas y metodologías que les permitan transformarse. Para ello es vital intentarlo. No hay una solución única para todos, pero fruto de la acción, las empresas desarrollarán conocimiento y aprenderán a mejorar del fracaso. ¡Hay que ponerse en marcha!

Este nuevo ecosistema que se está desarrollando supone una oportunidad ganadora para todos los actores. Los empleados de las grandes organizaciones dispondrán por fin de una oportunidad única de convertir sus ideas en realidad bajo la protección y el paraguas de una gran empresa. Gracias a ellas podrán tener acceso a recursos tanto económicos como de conocimiento y de trabajo a los que les sería más complejo acceder fuera de su compañía. Las pequeñas *startups* abren nuevas vías de colaboración con empresas más consolidadas para poder acceder a financiación, mentorización, incubación u otras formas de colaboración que les permiten acelerar y asegurar la viabilidad de su proyecto. Internamente las organizaciones por fin aprovechan el talento interno; innovan, arriesgan y se preparan para competir en los nuevos escenarios y dinámicas de la economía actual.

Además, este libro tiene la particularidad de presentar diversos ejemplos reales que ilustran algunas de las aplicaciones prácticas que están llevando a cabo las organizaciones para desarrollar el emprendimiento corporativo y la innovación. Junto con los ejemplos prácticos, tenemos acceso directo a entrevistas realizadas a algunos de los mejores expertos en innovación de empresas de primer orden y diversos sectores de España que nos permiten tener una perspectiva de su experiencia y su visión personal.

Impulso es un libro de cabecera para cualquier CEO que quiera enarbolar la bandera pirata dentro de su organización y empezar a innovar, a atraer talento y a transformar su empresa para recuperar la esencia, la energía y el dinamismo de sus comienzos.

Bill Aulet
Director del Martin Trust Center
para el MIT Entrepreneurship

AGRADECIMIENTOS

Escribir un libro también es una tarea de equipo.

Por ello me gustaría dar las gracias a mi esposa, Ximena, por su interminable apoyo y cariño, así como a mis padres por su inspiración y ejemplo. Sin olvidar a mis amigos, porque entre todos me han dejado el espacio necesario para poder llevarlo a cabo.

Un inmenso agradecimiento a todos los clientes de Active Development que han hecho posible que lleguemos aquí, en especial a los que han contribuido directamente y son parte de la esencia de esta obra con su ejemplo y experiencia. Este también es vuestro libro.

Como no, gracias a todo el brillante equipo de Active Development por compartir vuestro conocimiento, experiencia, modelos, errores y anécdotas. Sois el verdadero «impulso» puesto que este es un libro que ha nacido desde vuestra práctica directa.

Gracias a Bill por compartir su visión en nuestro prólogo, es un privilegio contar con su apoyo desde el otro lado del charco y poder contribuir juntos a impulsar la innovación y la competitividad de nuestras empresas por medio de esta obra.

Gracias a todos mis profesores, compañeros en ESADE, que son fuente de inspiración y de los que nunca dejo de aprender. Gracias también a mis alumnos con quienes espero seguir creciendo, así como a mis seguidores con quienes compartimos aventuras.

Por último, un agradecimiento especial al equipo de LID Editorial, a nuestra maravillosa editora Laura Madrigal y muy especialmente a Jeanne Bracken, quien tuvo la visión y nos empujó a escribir desde el principio. Nunca olvidaré cuando se acercó justo al finalizar una de mis ponencias ante empresarios preocupados por innovar en Madrid y con su inconfundible acento irlandés exclama: «Joan, quiero un libro de esto!». Le respondí: «Por supuesto!». Y aquí estamos. Muchísimas gracias por vuestro apoyo y confianza.

Joan Riera

A mi familia y amigos por su apoyo y muy especialmente a mi querido padre, espejo, guía, consejero y amigo, por creer siempre en mí. A todos aquellos que con sus granitos de arena, colaboración, consejos, ideas, trabajo y esfuerzo han hecho posible que este libro sea una realidad.

Tomás Soler

INTRODUCCIÓN

Cualquier organización ambiciona evolucionar, adaptarse y crecer de forma orgánica, pero son muy pocas las que disponen de un plan y de los procesos adecuados para conseguirlo de forma mecánica, sistemática, medible y sostenible.

Considerado un ingrediente vital en cualquier plan de innovación, el emprendimiento corporativo no se trata de actividades aisladas y desconectadas ni es fruto de la casualidad o de la suerte.

Basado en la experiencia adquirida durante más de diez años ayudando a grandes empresas a innovar de forma sostenible y rentable, *Impulso* resume de forma práctica las cinco palancas que permiten activar el emprendimiento en las organizaciones. Si logras activarlas, tu empresa será más competitiva e innovadora, sin importar su tamaño, edad o sector.

Mediante la fusión de la teoría y la práctica, con testimonios directos de quienes ya lo han logrado, con este libro aprenderás las palancas estratégicas y operacionales necesarias para inyectar vitalidad a tu empresa al desarrollar capacidades e instaurar procesos que cambiarán gradualmente la cultura, el carácter y la actitud de tus equipos. Desarrolla un ecosistema capaz de retener el talento interno para que se convierta en un eje de atracción de los perfiles que verdaderamente harán evolucionar tu compañía: los dinámicos, los curiosos, los atrevidos, los que priorizan la acción a la planificación, los entusiastas, los ilusionados, los valientes y los que hacen que las cosas pasen.

Los emprendedores están de moda y, sí, ser emprendedor es apasionante y emocionante, para lo bueno y para lo malo. Para nosotros lo bueno compensa sobradamente lo malo, no hay nada como poder crear tu propia empresa, liderar tu propio destino y crear y aportar algo innovador a la sociedad. Así lo transmitimos en nuestro primer libro *Emprende tu propia aventura* (2011, LID Editorial), que te permite vivir la creación de una empresa en primera persona eligiendo tu propia aventura al tomar más de ochenta decisiones con más de treinta finales distintos. Sin embargo, ¿es necesario abandonar la empresa para ver realizados tus sueños emprendedores?

Ambos autores hemos trabajado en grandes corporaciones y hemos sufrido la incompatibilidad y la decepción propias de tener ilusión, hambre de conocimiento, ambición y ganas de transformar el mundo en unos entornos burocratizados, jerarquizados, sin posibilidad de ser escuchados y reacios al cambio. No cabe duda de que nuestra energía emprendedora es la que nos llevó a dejarlo todo y crear nuestras empresas. Y no sólo una vez, sino en serie, pues fueron más de diez. Por otro lado, en el otro extremo están los empleados más reactivos, que encuentran el confort en la seguridad, en la estabilidad, en el procedimiento. Y en medio tenemos un grupo de inquietos, que tienen cierta curiosidad, son muy proactivos y muestran capacidad para asumir riesgos y cambiar para evolucionar en entornos controlados en los que se tolera el «error bien intencionado».

Esta tipología de personas representa una gran oportunidad y muchas veces se trata de talento latente y dormido que muchas compañías no aprecian. Están comprometidas pero, si se desmotivan, dimitirán. Si se les despierta y se les proporciona un hábitat adecuado, serán capaces de detectar, desarrollar e impulsar proyectos innovadores de gran valor para cualquier organización. Son personas que, a pesar de gozar de una buena posición, un buen salario o una marca propia de una gran empresa, no muestran ni felicidad por ir a trabajar ni pasión alguna por la tarea que desarrollan durante doscientos cincuenta días al año. Se trata de personas que no sólo son inteligentes, sino listas, y que fuera del ámbito laboral demuestran estar muy vivas. Son los intraemprendedores potenciales.

El emprendimiento corporativo ofrece, entre otros muchos beneficios, un medio propicio para impulsar tu propio proyecto sin tener que jugártelo todo y lanzarte a una aventura emprendedora incierta que en muchas ocasiones puede acabar en fracaso. Es una apuesta de riesgo medio, un salto con red, gracias al apoyo de un entorno corporativo adecuado.

Introduce progresivamente la práctica del emprendimiento corporativo en el día a día de la compañía mediante herramientas y programas adaptativos que evolucionan según la madurez de cada organización, el desarrollo de sus capacidades y los requerimientos del entorno. No hablamos de una moda, sino de un ingrediente que se ha convertido en un elemento clave para la supervivencia de la empresa en un ámbito global y altamente competitivo donde la búsqueda de innovaciones disruptivas constituyen un pilar fundamental para el crecimiento. Se escucha en todas partes —y realmente es cierto— que el mundo se mueve a gran velocidad, la tecnología evoluciona rápidamente, la globalización aumenta la competitividad, disminuyen las barreras de entrada y el poder económico está virando hacia Asia y los países emergentes. Las empresas necesitan tomar muy en serio sus procedimientos de innovación y emprendimiento corporativo si no quieren ver comprometida su viabilidad.

En este libro desvelamos cómo empresas de carácter tradicional que sobreviven en entornos maduros orientados a la eficiencia aprenden a gestionar la incertidumbre y el riesgo propios de la actividad emprendedora para poder detectar y explotar oportunidades de manera rápida y flexible. Esta es la única receta para sostener ventajas competitivas en hábitats complejos como los actuales. En su implantación se crea una tensión lógica debido a que hablamos de actividades de diferente naturaleza:

- La eficiencia, la cautela y la rutina propias de las grandes corporaciones o compañías con una historia de éxito detrás en mercados maduros.

- El gran dinamismo, la flexibilidad y el riesgo característicos del emprendedor, que le dotan de una alta eficacia para detectar las oportunidades, reaccionar, experimentar y anticiparse a los competidores para romper las reglas del juego.

En la realización de este libro nos hemos acercado a algunos de nuestros clientes, que son ya auténticos expertos en innovación de distintos sectores y compañías (energía, aerolíneas, telecomunicaciones, educación, etc.), para que compartiesen con nosotros sus ideas y visiones, así como para conocer de primera mano cómo innovan y aplican el emprendimiento corporativo dentro de algunas de las principales empresas del país y del mundo (Vueling, Repsol, Telefónica, Bodegas Torres, ESADE). Esta colaboración nos ha permitido introducir al final de cada capítulo una entrevista que decidimos ofrecer «sin filtros» que nos aproxima directamente y de forma real a estos retos, interioridades, metodologías, ideas y opiniones.

Estamos convencidos de que cualquier empresa puede y debe promover el emprendimiento corporativo y la innovación en su organización. La velocidad a la que cambia el mundo hace de esto algo imperativo. Tanto si eres socio como propietario, director general, director de un área funcional, jefe de equipo o empleado, este libro te da las claves para poder potenciar la energía emprendedora en tu ámbito de actuación; disponer de un mecanismo para detectar oportunidades dentro y fuera de la organización y, por supuesto, conocer un sistema para impulsar y gestionar los proyectos que definirán tu futuro empresarial. Se trata de un manual fácil, eficaz y sintético sobre una disciplina que, sin ser novedosa, está muy lejos de resultar una realidad en las empresas españolas.

¿Preparado para activar tu empresa?

PARTE 1

¡BIENVENIDOS LOS REBELDES!

1. INTRAEMPRENDIMIENTO

Nadie duda de que las dinámicas fundamentales de los negocios están cambiando. Los avances tecnológicos, la interconectividad global y los cambios en la sociedad son factores que contribuyen a crear un escenario inédito para cualquier organización.

Las grandes corporaciones sufren una competencia muy intensa y se aproximan a sus límites de crecimiento debido a la saturación de los mercados, que siguen inundados por productos y servicios tradicionales. Mientras, los consumidores convergen o se diferencian creando nichos de mercado. Los modelos clásicos de economía, como la capitalista y la de escala, se convierten en economías de ideas y redes. Al mismo tiempo, la velocidad de la innovación y el cambio aumentan, acelerándose la evolución del conjunto.

Ahora más que nunca surgen nuevas oportunidades para emprendedores y gerentes que poseen una mentalidad emprendedora y las herramientas y el conocimiento para convertir las ideas en negocios rentables. La energía emprendedora no sólo resulta esencial para empezar un negocio, sino también en las fases posteriores, cuando la compañía ya consolidada necesita desenvolverse en ambientes cambiantes e impredecibles.

De hecho, las empresas, en especial las grandes, se enfrentan a un doble desafío que se convierte en vital para desarrollarse de manera saludable en este nuevo hábitat:

- La forma de atraer y retener a los más emprendedores es crucial en estos momentos. En el seno de una gran compañía también se encuentran los denominados «intraemprendedores».

- Encontrar la manera de colaborar con emprendedores y empresas que experimentan un rápido crecimiento es el otro desafío clave para compañías asentadas. Si no son capaces de adquirir la velocidad de innovación requerida, deben encontrar la manera de colaborar con emprendedores y *startups*.

En la actualidad la innovación no puede depender exclusivamente de nuestra capacidad interna porque fuera todo evoluciona muchísimo más rápido, el conocimiento está disperso por el mundo y el mercado es global.

Cualquier compañía, independientemente de su tamaño, debe adoptar medidas para identificar, cultivar y promover el espíritu emprendedor (respuesta al desafío 1) mientras se crean mecanismos para generar ideas, detectar oportunidades externas, configurar nuevos modelos de negocio y desarrollar estos gestionando recursos internos y externos (respuesta al desafío 2).

2. LAS FUERZAS QUE NOS EMPUJAN A INNOVAR

Algunos lectores pueden pensar que el emprendimiento corporativo es una moda pasajera pero la realidad demuestra que no es así, y vamos a explicar a continuación los motivos principales para creer que ha llegado para quedarse. El término *emprendimiento corporativo* o *intraemprendimiento* en realidad no es nuevo; existe bibliografía muy interesante sobre este tema desde hace más de treinta años[1].

El hecho de que las grandes consultoras no hayan extendido la aplicación de estas herramientas se debe a que el carácter emprendedor resulta incompatible con su ADN: tienen consultores que lo han sido toda su vida, pero no son empresarios o emprendedores. Nadie puede asesorar sobre emprendimiento si antes no lo ha vivido en sus propias carnes. Es crucial tener la experiencia directa, vivir la intensidad del proceso, la emoción, el riesgo, el fracaso y los éxitos. Lo tenemos tan claro, que en los procesos de selección para nuestros equipos buscamos de forma proactiva antiguos emprendedores independientemente del éxito o no de sus iniciativas, conscientes de que es un elemento que contribuye a hacernos diferentes y únicos.

Así pues, ¿por qué hoy más que nunca el emprendimiento corporativo aporta fuentes de ventaja competitiva? ¿Qué está pasando en el entorno para que las organizaciones más dinámicas e innovadoras del mundo se estén esforzando en introducir el emprendimiento corporativo en su ADN? Es evidente que supone la transformación de la organización, romper con tradiciones y arriesgarse, por lo que las empresas han sido reacias a la introducción del dicho emprendimiento y en la mayoría ha resultado testimonial y poco relevante. Entonces, ¿qué ha cambiado?

Actualmente existen dos ejes cruciales para la supervivencia de las organizaciones que sin duda las motivan a innovar de manera sistemática y sostenida:

1. **Extrema competencia:** las economías occidentales ven cómo las previsiones indican claramente que el peso de la economía mundial se desplazará en los próximos años del eje Europa/Estados Unidos hacia el de Asia/América. China ya resulta ahora la economía número uno del mundo en cuanto a PIB total. Este cambio implica que Europa

perderá protagonismo, no ya únicamente a nivel económico, sino también político, pasando a ser un actor muy secundario en el ámbito global. Este surgimiento de nuevos países que amenazan la hegemonía de las actuales potencias implica un notable aumento de la presión de la competencia. Nuevas y potentes empresas pasan a competir a nivel global; incluso las pequeñas nacen ya con la vocación de servicio global.

Las economías occidentales experimentan un estancamiento nunca visto anteriormente. Vivimos una época donde los tipos de interés son casi cero o incluso negativos en algunos países. Se trata de medidas extremas de política monetaria para intentar reactivar las economías y, aun así, no se consigue hacer despegar el consumo ni el dinamismo de la economía. Europa vive un envejecimiento progresivo y una inversión en la pirámide demográfica, lo que implica un nuevo reto y oportunidades para la mayoría de los sectores.

Por todo lo anterior, la única vía para competir frente a este nuevo escenario es la innovación. Tras un período de crisis, las empresas ya no disponen de más margen para ajustar sus costes y deben innovar y ofrecer nuevos productos y servicios para mantenerse. Pero la innovación no puede resultar simplemente un aspecto más de la organización, sino que ha de convertirse en el eje principal sobre el que se construya la empresa ya que, como veremos en el siguiente punto, la velocidad es clave.

2. **Velocidad del entorno y de los mercados:** innovar no va a ser suficiente para mantener la cuota de mercado y/o crecer frente a la competencia. Nos encontramos en un escenario en el que todo va muy rápido. Los cambios tecnológicos resultan rapidísimos y el nuevo perfil del consumidor nos exige cada día más. Además, debemos tener en cuenta que países competidores como China o India todavía no tienen la innovación como uno de sus atributos principales pero,

¿qué ocurrirá cuando se focalicen en ella y le destinen más recursos?

Para hacer frente a este escenario, sólo se nos ocurre una idea: ser más rápidos. Hay que considerar que la creencia generalizada de que países como China basan únicamente sus creaciones en la copia no es cierta. Ya estamos viendo los resultados en múltiples industrias. Por ejemplo, China ha desarrollado una potente industria tanto de *hardware* como de *software* alrededor de la tecnología móvil y en algunas aplicaciones ha adelantado claramente en funcionalidades a la industria occidental.

Las empresas ya no son para siempre; incluso las más grandes están expuestas a desaparecer. Si en los años ochenta alguien hubiese dudado de la continuidad del gigante automovilístico General Motors, hubiese sido tachado de loco y, sin embargo, aunque durante años fue la mayor compañía de Estados Unidos, en 2009 se vio forzada a declararse en quiebra. Otro de los ejemplos que nos viene a la cabeza rápidamente y que constituye hasta el momento la mayor quiebra de la historia de Estados Unidos es el de Leman Brothers en 2008. Hay que poner en perspectiva que esta empresa se fundó en 1850, lo que implica que sobrevivió a la guerra civil norteamericana, la primera guerra mundial, el crac bursátil del 29 y la segunda guerra mundial, por poner algunos ejemplos de sucesos históricos que podían haber acabado con ella fácilmente.

Otros ejemplos de compañías que no supieron anticipar las necesidades del mercado y adaptar su modelo de negocio fueron Blockbuster (cadenas de videoclubs) y Kodak (fotografía).

Según estudios del profesor Richard Foster[2], la media de vida de las empresas del índice Standard & Poor's 500 (S&P 500), que recoge las mayores empresas cotizadas en Estados Unidos, ha bajado de los 61 años en 1958 a los 18 en la actualidad. Se considera que a este ritmo el 75% de las empresas que forman el índice serán sustituidas en 2027.

¿Cuál será la próxima en desaparecer?

3. CARACTERÍSTICAS DE LOS EMPRENDEDORES

Los emprendedores son muy proactivos; además les gusta la libertad, los riesgos les motivan y les encanta la competitividad. Este perfil destaca por sus habilidades de liderazgo, su inagotable optimismo y, sobre todo, por su elevada energía, que contagian a los afortunados que les rodean y que, no sólo les hacen «vibrar», sino también pensar y entrar en acción.

Es importante entender cómo son los emprendedores para detectar a los potenciales intraemprendedores. El éxito depende siempre de su equipo. Los inversores, por ejemplo, invertimos en las personas y en segundo plano en el proyecto porque nos lo jugamos todo en la ejecución.

Los rasgos que definen a un auténtico emprendedor son:

- **Su pasión:** supone el ingrediente esencial que moviliza y atrae recursos. Se puede sentir y casi medir en las cortas distancias. Está directamente relacionado con la capacidad de vender el sueño y compartir la visión. También tiene un impacto directo en la capacidad de asumir el fracaso y la resilencia para «volverse a levantar más fuerte», tantas veces como haga falta.

- **Su gran experiencia:** cada proyecto es un nuevo viaje y, como tal, también una gran experiencia. Emprender es aprender, aire fresco, enfrentarse a lo desconocido, salir de la zona de confort, descubrir nuevos horizontes.

- **Tomar riesgos de manera inteligente:** el riesgo es inherente a cualquier nueva aventura. Cuanto más planificamos, más reducimos la incertidumbre, aunque nunca podremos eliminarla totalmente. No es ni mucho menos un problema; todo lo contrario: representa un aliciente. El riesgo nos hace sentir vivos, nos activa. Al final, los emprendedores somos gestores del riesgo, no suicidas que juegan al azar.

- **Ser trabajadores:** cuando nos ilusionamos, nos gusta y disfrutamos, le dedicamos más tiempo. Aunque trabajemos más, no se hace pesado porque hay muchísimos elementos que compensan sobradamente el esfuerzo. Sólo cansa aquello que no apasiona. Debemos saber encontrar el equilibrio para poder conciliar la vida profesional y personal, lo cual resultará más fácil cuando emprendamos en un entorno corporativo.

- **Su confianza:** emprender implica asumir un reto no sólo como un objetivo que se pretende alcanzar, sino también como un desafío personal. Implica ponernos a prueba una vez más, por lo que más vale que depositemos algo de confianza en nosotros mismos.

- **Su optimismo:** sin duda se trata de un ingrediente fundamental, si bien no implica que todo el equipo tenga que ser extremadamente optimista. Debemos buscar un equilibrio, pero con una marcada tendencia al optimismo. La NASA evalúa el coeficiente de optimismo para decidir qué astronauta mandar a la luna. Hemos de evitar aquellos integrantes que, se hable de lo que se hable, nunca están de acuerdo y a aquellos a los que no les gusta nada en la vida y que creen que nacieron con mala suerte. En nuestros equipos debemos detectar y separar los elementos tóxicos de los proactivamente críticos que verdaderamente aportan valor.

- **Su independencia:** los emprendedores son especímenes habituados a la libertad, algo claramente incompatible en muchas corporaciones. La libertad no tiene precio, por lo que puede suponer un gran incentivo sin tener que asumir costes. A los emprendedores les encanta tener cierto grado de independencia para poder pilotar su proyecto de manera autónoma, tomar sus decisiones y vivir los resultados.

- **Ser competitivos:** el reto y la competitividad desempeñan un papel de atracción muy interesante. A los emprendedores les gusta la visibilidad y el compromiso, les mueve el desafío y la victoria.

- **Su espíritu de superación:** la superación, dejar huella, evolucionar, también conforman un ingrediente clave. Cierto grado de ambición nos lleva a querer más para alcanzar algo relevante. La felicidad nunca viene de conseguir algo, sino de tener motivos para seguir, actuar y moverse.

- **Su ambición:** los emprendedores destacan por una ambición sana para acceder a un nuevo nivel de compensación que premie verdaderamente sus capacidades y esfuerzo.

- **Su sentido del humor:** bien gestionado puede constituir una herramienta de gestión muy seria. Disfrutar y aprender forma parte de cualquier proceso emprendedor y, por tanto, vale la pena gestionarlo para obtener altos índices de motivación, energía y fidelidad. Además, más allá de los beneficios de sonreír, está comprobado que quienes sonríen viven más. Se han hecho estudios sobre orlas en los que se ha visto que quienes sonreían vivían un 21% más; un estudio sobre fotos de beisbolistas en 1952 sugiere que aquellos que sonreían vivieron siete años más que los que no lo hacían[1].

Lamentablemente en la mayoría de las grandes compañías el carácter emprendedor no suele ser compatible con su ambiente laboral: estable, burócrata y con lenta toma de decisiones, tiempos de reacción muy largos, presupuestos anuales rígidos, falta de flexibilidad o complejas estructuras jerárquicas. Resulta fundamental crear un ecosistema adecuado, como veremos más adelante.

La principal causa de fuga de talento emprendedor en las organizaciones —los empleados que abandonan la gran organización para crear su propio proyecto— es fundamentalmente la falta de capacidad de innovación y de desarrollo de sus propias ideas dentro de la empresa y la frustración que esto conlleva. Hay que desterrar la idea de que la principal motivación es puramente la búsqueda de mayores ingresos económicos, y eso implica que, para retener talento, no nos podemos valer únicamente de incentivos económicos.

4. QUÉ ES EL EMPRENDIMIENTO CORPORATIVO

El verdadero emprendimiento corporativo se basa en las personas de la organización y en su capacidad para detectar oportunidades y convertirlas en negocio. Combina el ecosistema para fomentar y cultivar el espíritu emprendedor (actitud, habilidades y nuevas competencias) con una estrategia, herramientas y procesos que permiten identificar, definir, desarrollar, capturar y capitalizar oportunidades de negocio de manera ordenada y profesional.

Es una disciplina que se aprende, se practica, se mide y se gestiona. Se trata de la receta del futuro para transformar organizaciones clásicas, con sistemas operativos obsoletos, en empresas más innovadoras, ágiles y adaptativas. Porque el intraemprendimiento se fundamenta en la innovación y sus resultados llevarán a generar ventajas competitivas, obtener mejoras en rentabilidad, producir fuentes de crecimiento o guiar a nuestra compañía hacia una renovación estratégica.

Por su naturaleza, el emprendimiento corporativo adopta el concepto de la «innovación abierta» *(open innovation)*[1], mediante el cual esta se acelera a través de la cooperación con agentes externos a la organización. No se concibe un proceso de emprendimiento corporativo si no se hace permeable al entorno en todas sus etapas. Sería absurdo asumir que no hay nadie fuera de la empresa mejor que nosotros; estaríamos perdiendo una gran oportunidad de utilizar el mundo como fuente de alimentación de ideas, oportunidades y proyectos. Nuestra metodología contempla no sólo abrir los procesos de innovación al exterior, sino invitar de manera proactiva a potenciales colaboradores.

La colaboración específica entre las corporaciones y las empresas emergentes *(startup)* se denomina *«corporate venturing»*.

El hecho de identificar oportunidades internamente, así como desarrollar y madurar proyectos en el seno de la compañía, es perfectamente compatible con instrumentos de cooperación con el exterior, como la creación de un fondo para participar en empresas nacientes de rápido crecimiento, la incubación o la aceleración. Crear mecanismos de inversión sin duda resulta muy saludable desde el punto de vista del aprendizaje organizativo y muy rápido si se hace con la política adecuada y utilizando herramientas propias de inversores profesionalizados.

Cualquier procedimiento de emprendimiento lleva asociado, por definición, un componente social por definición; así, desarrollar un proyecto empresarial repercute de manera natural en todo su entorno social, más allá de su impacto económico. Algunas compañías alinean sus políticas de emprendimiento corporativo con las de responsabilidad social corporativa (RSC), de manera que pueden establecer prioridades también de retorno social en sus iniciativas, además de las económicas. Hablamos de *«social corporate entrepreneurship»* cuando la dimensión social se convierte en estratégica. Hay que tener en cuenta el poder de las grandes organizaciones, que en ocasiones resulta muy superior al que tienen los gobiernos, lo que les otorga la posibilidad de que un pequeño cambio, innovación o nuevo proyecto pueda aportar un enorme beneficio a nivel global. Además, el emprendimiento corporativo proporciona herramientas centradas en nuestro equipo humano, de forma que contribuye a su desarrollo personal y profesional, creando así un entorno laboral más democrático que fomenta la proactividad, las oportunidades y el aprendizaje.

El emprendimiento corporativo puede ser una vía para todos los potenciales emprendedores internos, que tienen ideas e inquietudes que pueden dar respuesta a una necesidad social o de mercado. Las empresas pueden ofrecer a estos empleados, mediante un formato «híbrido» de emprendimiento, la oportunidad de desarrollar dichas ideas con el paraguas de la seguridad que puede ofrecer una gran compañía. El intraemprendedor puede obtener unas sensaciones parecidas a las de un emprendedor sin la necesidad de comprometer sus recursos financieros personales y con el acceso a unos medios difíciles de alcanzar individualmente (instalaciones, conocimiento, equipos de apoyo, clientes, económicos, etc.).

Esta es una fuente muy relevante de satisfacción, aprendizaje, motivación y energía. Por ello hablamos de «revitalización», que es uno de los resultados cuando implantamos un programa de este tipo. No es inmediato, sino un proceso gradual y progresivo, pero el impacto organizativo es profundo y duradero, como veremos a lo largo de este libro.

5. INNOVACIÓN INCREMENTAL FRENTE A INNOVACIÓN DISRUPTIVA O RADICAL

Se ha considerado en los últimos años que el principal retorno se encuentra precisamente en la innovación disruptiva, por lo que es en esos productos, servicios o modelos de negocio rompedores donde se marcará la diferencia en la cuenta de resultados. La innovación incremental se asocia normalmente a evoluciones, pequeñas mejoras o entradas en nuevos mercados.

Un ejemplo reciente y conocido por todos de innovación disruptiva tanto en producto como en modelo de negocio se encuentra en el lanzamiento en 2007 del iPhone por parte de Apple, pues supuso una revolución tanto por el concepto del producto con la introducción del concepto «teléfono inteligente» *(smartphone)* con pantalla táctil y sin teclado como por el sistema operativo que incorporaba y el nuevo modelo de negocio que creaba con el mercado de las aplicaciones (como la *App Store de Apple*).

El iPhone tuvo un gran impacto tanto en el mercado de la telefonía móvil al relegar a sólidas empresas como Nokia, como en el de los ordenadores personales al desplazar hacia los dispositivos móviles muchas de las funcionalidades que normalmente se realizaban con aquellos (internet, los juegos, el acceso a las redes sociales o el visionado de películas).

Este dispositivo móvil fue la punta de lanza de Apple e incluso actualmente, diez años después, es el producto sobre el que sustenta el 60 % de sus ingresos.

A pesar de esto, existen muchos casos donde la organización consciente o inconscientemente descarta o evita la innovación disruptiva, que implica habitualmente un cambio en el modelo de negocio y en muchas ocasiones la creación de productos y servicios que suponen una canibalización de ventas y que se ven como una amenaza.

Las innovaciones disruptivas implican adoptar mayor riesgo, más atrevimiento, un cambio en el modelo de negocio, el uso de nuevas tecnologías y, especialmente, requieren que nuestros empleados dispongan de nuevas competencias, habilidades y experiencia de las que no disponemos en la empresa.

En todo caso, esto no supone que la compañía no pueda seguir dedicando importantes esfuerzos de innovación a sus áreas principales de negocio; más bien al contrario, ya que en su competencia distintiva *(core business)* es donde se encuentran sus principales fuentes de ingresos. Lo interesante de esta disyuntiva es que las organizaciones sean capaces de establecer un mix, una combinación de proyectos que permita un equilibrio entre innovaciones más disruptivas e innovaciones incrementales.

Como contrapunto al ejemplo de Apple y el iPhone, podemos citar otro de innovación que se remonta al año 2005 pero que aún se mantiene en vigor y gana popularidad constantemente:

Amazon Prime, el servicio de membresía de Amazon que permite recibir las compras de esta empresa mucho más rápido y no pagar por envíos rápidos. Este concepto de envío en un solo día y gratuito para los productos principales *(prime)* mediante el pago de una sola cuota anual resultó auténticamente revolucionario en 2005, donde los envíos en el comercio electrónico se realizaban entre cuatro y seis días de media.

Los millones de usuarios principales y su constante crecimiento a nivel mundial año tras año certifican y son la prueba de su fortaleza como concepto. Amazon ha continuado mejorando y complementando su servicio a lo largo de los años y actualmente ya ofrece en numerosas ciudades del mundo el servicio *Prime now,* que presenta productos con envío garantizado el mismo día, algunos en tan sólo una hora.

Para el desarrollo de un sistema de emprendimiento corporativo con éxito, que permita potenciar la innovación de nuestra compañía, hemos identificado cinco palancas clave. Estas dimensiones estimularán la innovación y la motivación de los equipos participantes posibilitando a las empresas modernizar su organización, despertar y activarse para ponerse al día y afrontar el futuro con garantías de supervivencia y éxito.

PARTE 2

LAS 5 PALANCAS DEL INTRAEMPRENDIMIENTO

6. EL MÉTODO

El emprendimiento corporativo se basa en las personas, tanto en los intraemprendedores que impulsan los proyectos como en los directivos que guían y acompañan. Si no proporcionamos los mecanismos adecuados, todo quedará en manos del destino, de la voluntad de unos pocos, de la propia cultura y del dominio de ciertos valores. Este ámbito se puede gestionar mediante método, herramientas y disciplina para que la organización desarrolle habilidades y capacidades de emprendimiento cambiando la actitud y el comportamiento y ganando flexibilidad, adaptación y proactividad.

Una de las claves del método de las cinco palancas consiste en facilitar la adopción de prácticas de emprendimiento corporativo entre los procedimientos principales de la empresa para que con el tiempo se desplieguen de forma natural y hasta cierto punto automática. Para afrontar este reto veremos que se trata de un sistema evolutivo y flexible, ya que, por su naturaleza, el emprendimiento entra en conflicto con los procesos, la estrategia y las estructuras de negocios maduros y eficientes[1].

Las cinco palancas se agrupan en el siguiente gráfico[2] (Cuadro 6.1), que se desarrollará en profundidad en los próximos capítulos: (1) la estrategia, (2) el ecosistema, (3) la captación y el filtrado, (4) la puesta en marcha y (5) el cuadro de mando. Es importante entender la globalidad de este esquema para mantener la visión de la metodología que se explica en detalle en los próximos capítulos y saber en cada momento en qué palanca nos encontramos.

Aunque existen diversos modelos para representar gráficamente y de forma sintetizada los procesos de innovación, la elección del sistema Fugle no ha sido fruto de la casualidad. La mayoría de los modelos con los que estamos familiarizados se centran únicamente en los embudos de conversión y filtrado de las ideas desde su origen hasta la selección de un porfolio de proyectos. La verdadera innovación en el mundo empresarial es la que va desde la generación de ideas (invención) hasta la comercialización de un producto o servicio en el mercado y su probada rentabilidad (explotación) demostrando realmente su utilidad y viabilidad. Por ello, nuestro «embudo» es de doble sentido: filtrar ideas para luego ser capaces de implementarlas con éxito.

Cuando hablamos de ideas no sólo nos referimos a nuevos negocios, sino también a las relativas a reducir costes, mejorar la comunicación interna o, por ejemplo, incrementar la experiencia de cliente. Cualquier idea resulta bienvenida porque es susceptible de impactar en nuestro negocio mejorando los resultados de nuestra compañía, sea aumentando los ingresos o disminuyendo los costes.

Cuadro 6.1 Las 5 palancas para el intraemprendimiento

La secuencia de las palancas sigue un orden lógico y coherente de lectura. Cada empresa lo adaptará a su realidad priorizando y desarrollándolo de acuerdo con sus objetivos. En cualquier caso, se trata de un marco de trabajo válido, efectivo y sólidamente probado que, debidamente adaptado a las necesidades particulares de cada empresa, garantiza trabajar en la dirección correcta para innovar, crear el clima y disponer de las herramientas adecuadas para desarrollar un sistema de emprendimiento corporativo.

A modo de resumen y antes de pasar de la globalidad al detalle en los siguientes capítulos, presentamos aquí las ideas clave de cada palanca:

- **Palanca 1: la estrategia**

    En la parte superior del gráfico encontramos la primera de las claves para nuestro objetivo: definir nuestra estrategia respecto al emprendimiento corporativo. Aunque parece una obviedad, como veremos más adelante, existen diferentes modelos y visiones contrapuestas y como primera tarea necesitamos definir una dirección, establecer un liderazgo y tener una idea clara de nuestros objetivos y cómo conseguirlos.

- **Palanca 2: el ecosistema**

    En una segunda etapa hay que crear internamente el ecosistema propicio para nuestro propósito. Este objetivo incluye personas, cultura empresarial, gestión del conocimiento, estructura organizacional y comunicación y procesos internos. Sin duda se trata de un factor clave que, como se desarrollará en el capítulo correspondiente, implica iniciar una evolución gradual para tender hacia un modelo de naturaleza radicalmente distinta, especialmente en compañías de perfil más tradicional.

- **Palanca 3: la captación y el filtrado**

    En esta tercera fase entramos ya en la generación de la innovación y creación de ideas, estamos ya con las manos en la masa. Pero para mezclar los ingredientes necesitamos disponer de herramientas centradas en cómo generar ideas, cómo filtrar las verdaderas oportunidades, cómo conceptualizar la idea, hacer una validación y un refinamiento y cómo evaluar su viabilidad. Bajo esta palanca se combinarán diferentes pasos, herramientas y conceptos básicos para que la organización disponga finalmente de un porfolio de proyectos potenciales donde invertir y con alto potencial de convertirse en realidad. Habremos conseguido acotar y filtrar de manera profesional y sistemática los proyectos en los que apostar con mayor probabilidad de éxito.

- **Palanca 4: la puesta en marcha**

En la parte derecha del gráfico vemos los tres pasos sugeridos para llegar a vender nuestro nuevo producto o servicio. Hemos considerado el caso más complejo y completo, crear una nueva unidad de negocio o una nueva empresa, donde debemos llevar a cabo el proceso de lanzamiento al mercado *(go to market)* para obtener la primera venta. Es importante recalcar que obviamente también podemos considerar la puesta en marcha o ejecución de proyectos de innovación internos que no necesariamente han de llegar al mercado y que pueden generar, por ejemplo, ahorros en costes o mejoras de productividad. Cualquier empresa que centre sus esfuerzos únicamente en la creación de un porfolio de grandes ideas y no destine los recursos necesarios para implementar los proyectos no obtendrá rendimiento alguno de todos sus esfuerzos. Cobra por tanto igual o mayor importancia la fase de puesta en marcha que la de detección de oportunidades y diseño de soluciones.

- **Palanca 5: el cuadro de mando**

Finalmente, al pie del gráfico tenemos la quinta clave para nuestro plan. Muchos piensan que los cuadros de mando «matan la innovación» y, por supuesto, en muchas ocasiones no les falta razón. No es nuestra intención añadir carga burocrática a nuestros procesos, pero se requieren unos indicadores críticos para monitorizar y cuantificar lo que estamos haciendo bien y detectar los aspectos en los que podemos mejorar. Un cuadro de mando ejecutivo y eficaz será clave para controlar y constatar la evolución de cada uno de los procesos de emprendimiento corporativo al añadir objetividad a nuestras decisiones y ayudarnos en nuestras decisiones estratégicas.

Los riesgos del «postureo» empresarial

Llegados a este punto y a un paso de entrar en materia, es muy importante estar realmente convencidos de la necesidad vital para la compañía de efectuar este tipo de programas.

Lamentablemente existen y seguirán existiendo organizaciones que valoran más la apariencia y ponen en marcha estos programas única y exclusivamente por una cuestión cosmética y de imagen. En vez de apostar verdaderamente desde el órgano de gobierno de la organización, se trata más de una campaña de marketing o de actividades aisladas por parte de un área funcional, como Marketing estratégico o Recursos humanos. Estas empresas están condenadas al fracaso.

No se trata de un factor aislado de la innovación y el emprendimiento corporativo. En otros ámbitos, como el de la Responsabilidad Social Corporativa (RSC), por ejemplo, nos encontramos muchas empresas que elaboran complejas memorias de RSC y después aflora que sus productos se desarrollan en terceros países en condiciones prácticamente infrahumanas. Actualmente resulta difícil ocultar la verdad y la falta de compromiso y de una gestión profesionalizada al final acaba pasando factura.

En innovación un ejemplo lo constituyen las empresas que desarrollan costosos y complejos proyectos con sistemas de información, como los entornos colaborativos o la «intranet para la innovación», que posteriormente son un fracaso porque se emplean poco y el interés inicial se agota a los pocos meses. No se pueden provocar cambios de actitud o valores con actividades aisladas. Disponer de un buzón de ideas no es innovar, ni mucho menos desarrollar una cultura innovadora.

En definitiva, las empresas no pueden jugar a ser lo que no son. Nosotros creemos firmemente en la innovación y el emprendimiento corporativo como factores clave de crecimiento; la multitud de ejemplos que inundan este libro y nuestra propia experiencia directa con más de cincuenta clientes así lo demuestran. Esta es una receta universal para todas las empresas que debe ser adoptada de forma específica en cada compañía porque —no nos engañemos— hasta las organizaciones consolidadas que basan su supervivencia en ir a remolque y copiar lo que hacen otros disponen de sus sistemas de innovación.

# PALANCA 1
LA ESTRATEGIA

CON ESTA PALANCA SE CONSIGUE:

- Definir la estrategia de intraemprendimiento plasmándola en un plan estratégico y táctico adaptado a medida a nuestra compañía teniendo en cuenta los grupos de interés *(stakeholders)* y decidiendo dónde queremos innovar y dónde no.

- Alinear la estrategia de intraemprendimiento con la corporativa para que nuestra actividad aporte de forma sostenible en el tiempo y obtenga el apoyo desde la alta dirección o la propiedad.

- Entender los retos y establecer un equilibrio entre la libertad que requieren los intraemprendedores y la eficiencia, la disciplina y el control propios del negocio «tradicional».

- Definir nuestra estrategia de porfolio.

«Pensar y planificar antes de actuar».

Cuadro P1.1 Palanca 1: la estrategia

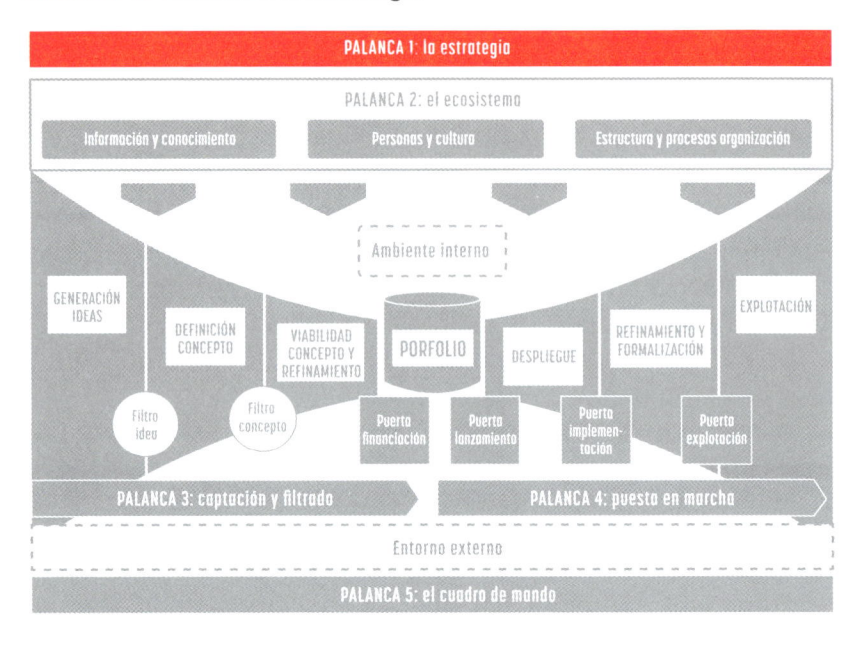

```
PALANCA 1: la estrategia
    PALANCA 2: el ecosistema
  Información y conocimiento    Personas y cultura    Estructura y procesos organización

                         Ambiente interno

  GENERACIÓN                                                               EXPLOTACIÓN
    IDEAS
         DEFINICIÓN   VIABILIDAD                    REFINAMIENTO Y
         CONCEPTO    CONCEPTO Y    PORFOLIO  DESPLIEGUE   FORMALIZACIÓN
                    REFINAMIENTO
      Filtro    Filtro          Puerta      Puerta      Puerta         Puerta
       idea    concepto       financiación  lanzamiento implemen-    explotación
                                                         tación
    PALANCA 3: captación y filtrado           PALANCA 4: puesta en marcha
                         Entorno externo
                    PALANCA 5: el cuadro de mando
```

El primer paso en nuestro reto para activar nuestra empresa es establecer un punto de partida y unos objetivos claros. La estrategia responde a preguntas simples: ¿cuál es el problema o la situación de partida?, ¿qué solución proponemos? y ¿cómo lo vamos a conseguir?

Pero estas preguntas simples esconden soluciones complejas que no siempre se adaptan de igual forma a todas las organizaciones. Ante retos complejos el mejor consejo siempre será alejarse un poco del día a día para pensar mejor, ver con claridad e intentar desmenuzar los grandes problemas en pequeños retos que podamos afrontar con mayor garantía de éxito. Incorporar a este proceso de reflexión estratégica a expertos externos puede resultar de gran ayuda, tanto si lo hacen en calidad de consejeros que nutran nuestro debate como de dinamizadores de una actividad o sesión de reflexión estratégica en la que obtendremos foco, guía y máximo rendimiento.

Antes de empezar, ¿cuál es tu estrategia corporativa?

La mayoría de ejecutivos son incapaces de formular su estrategia en una declaración de menos de treinta y cinco palabras. Si ellos no pueden, imaginemos que preguntamos a otros miembros de su organización: nadie podrá hacerlo de manera directa, clara y unánime. Está comprobado que quienes son capaces de definirla trabajan en las empresas más exitosas porque lo hacen con coherencia y de manera alineada: han sabido articular y desarrollar sus objetivos, su alcance y sus ventajas en el mercado.

Por tanto, antes de diseñar una estrategia de emprendimiento corporativo, hay que asentar muy bien la corporativa. Basándonos en nuestra experiencia, recomendamos tener una declaración simple y clara que defina la estrategia, no sólo para disponer de una, sino para ser capaces de desarrollarla con éxito. Todos los miembros de la organización deben responder de la misma forma ante la pregunta de si son capaces de definir su estrategia corporativa. Si aún no lo has probado, hazlo, pregunta. No sirve de nada tener una maravillosa estrategia si no se ejecuta ni la interiorizan los miembros de la empresa.

La estrategia corporativa es fundamental cuando se habla de emprendimiento corporativo, dado que representa la luz que guía las decisiones difíciles en cualquier nivel. Disponer de una estrategia permite saber cuándo decir «no», lo que resulta fundamental a la hora de apostar o innovar mediante el emprendimiento corporativo. Si tenemos una estrategia bien definida, aporta coherencia y alinea a cada miembro, independientemente si se trata de diez o de diez mil empleados.

No olvidemos que en la definición estratégica de nuestro intraemprendimiento hemos de tener en cuenta los grupos de interés, que van más allá de los miembros de nuestra compañía y que suelen incluir a proveedores, sindicatos, asociaciones o el gobierno. En muchos de nuestros proyectos en los que participamos como facilitadores de este proceso realizamos consultas de validación con los distintos grupos y contrastamos los diferentes conceptos o las líneas de acción con la visión interna de la compañía a través de mapas de materialidad. Esto aporta gran solidez a la estrategia, que queda fundamentada incorporando la perspectiva de los distintos grupos de interés.

Además de la misión (porque existimos), la visión (qué queremos ser) y los valores (en lo que creemos y cómo nos comportamos), la estrategia define la esencia de la ventaja competitiva mediante tres elementos:

1. El objetivo, entendido como el fin que persigue la estrategia, que debe ser concreto y acotado en el tiempo.

2. El alcance, entendido como el campo de juego, estableciendo las líneas rojas fuera de las cuales ya no operaremos.

3. La ventaja competitiva que nos hace diferentes —y en algunos aspectos superiores—, mediante una propuesta de valor atractiva y unas actividades alineadas a este fin.

Si logramos resumir la estrategia en menos de treinta y cinco palabras de forma clara y directa, ganaremos eficacia y podremos desarrollarla en los distintos niveles jerárquicos. Recuerda que ninguna otra organización puede tener tu misma estrategia, es única, por lo que debemos huir de generalidades como «aportar valor al accionista» para entrar en detalle sobre qué objetivo genera más valor: ¿crecer, aumentar cuota, ser líder o diversificar?

En la ejecución de la estrategia recomendamos su despliegue en forma de cascada, donde cada jefe de equipo tiene que asumir la responsabilidad de interiorizarla, compartirla y traspasarla, de manera que todos la adopten en su comportamiento. Así se convierte en una guía que motiva y aporta energía a los equipos para que contribuyan a su desarrollo futuro.

Los grandes retos de la estrategia emprendedora

Nadie duda de los beneficios que se obtienen al alimentar nuestra innovación con emprendimiento, sea interno o externo. Esto plantea desafíos inmediatos en el ámbito estratégico, principalmente porque las grandes compañías se hallan claramente orientadas a los ingresos (tienen más poder el que más factura) y a la escala (son hábiles gestionando operaciones a gran escala)[1]. Los retos estratégicos clave de la estrategia innovadora son los siguientes:

1. Falta de integración en la toma de decisiones en los altos niveles jerárquicos, donde se prioriza el corto plazo y el volumen: los proyectos emprendedores son minúsculos, se experimentan con los primeros clientes y se obtienen rendimientos negativos. Incluso puede entenderse como una amenaza si canibaliza recursos o ventas del negocio tradicional. Este ámbito precisa cierto proteccionismo ante la inercia y la tradición de las grandes corporaciones.

2. Ciclos: las dotaciones presupuestarias del emprendimiento corporativo son susceptibles de ser reducidas drásticamente ante dificultades económicas para dar máxima prioridad al negocio maduro y tradicional con rendimientos en el corto plazo.

3. Cierta miopía de innovación al analizar las oportunidades con las lentes viejas del negocio tradicional: puede llevar a no detectar nuevos hábitos del consumidor o cliente, no anticipar cambios tecnológicos o ser vulnerables ante nuevas empresas que cambian las reglas del juego y desafían el *statu quo*.

Reflexión + Definición = Plan estratégico de intraemprendimiento

Si bien la historia está llena de grandes y geniales estrategas, la estrategia para desarrollar nuestro plan de emprendimiento corporativo no debe recaer en la mente brillante de nuestro presidente o director general. Recomendamos abrir el proceso para que pueda participar el resto de directivos clave de la organización, no sólo para que se sientan parte del proceso, sino también porque supone la mejor manera de comunicar, interpretar y ayudar a que pueda evolucionar. Veremos que precisamos aliados o *sponsors* que nos ayuden a desarrollar la estrategia. Los directivos y jefes de área son bisagras fundamentales entre el negocio tradicional y el emprendedor porque están implicados en los comités de evaluación de proyectos, en las tutorías de estos o en el reconocimiento en sus sistemas de evaluación.

En este punto resulta muy eficaz el acompañamiento de asesores especializados que brinden conocimiento y herramientas específicas para diseñar, comunicar e interpretar la estrategia de emprendimiento, a la vez que se cultiva el espíritu emprendedor y se haga patente su importancia en la organización. Nuestra experiencia trabajando con empresas que inician su actividad intraemprendedora o multinacionales que siguen potenciando su innovación es muy satisfactoria, con múltiples actividades, como talleres de trabajo *(workshops)*, dinámicas de equipo o incluso un sistema de evaluación personal basado en el comportamiento natural de cada individuo para conocer su carácter y compatibilidad entre sí con el objetivo de afrontar este reto.

Aconsejamos crear un equipo de trabajo multidisciplinar con miembros de diferentes categorías y departamentos dentro de la organización que tengan el liderazgo suficiente para encarar y proponer los cambios necesarios.

Como principio básico, un plan estratégico de emprendimiento corporativo e innovación debería ser a largo plazo, con un mínimo estricto de tres años, si bien resulta recomendable proyectar a cinco. Obviamente nos movemos en un entorno cambiante que hará que tengamos que reajustar nuestro plan de forma regular varias veces al año, pero resulta importante tener visión y mostrar nuestra ambición al órgano de gobierno, a la propiedad y también a toda la empresa. El plazo es importante ya que buscamos dinamismo y resultados, sin caer en la precipitación y tampoco en la lentitud, y donde la ejecución cobra casi tanta importancia como el análisis y el diseño.

Es vital liberarnos de la presión de los resultados a corto plazo exigidos por la inercia de la multinacional en sus ejercicios anuales o por la cotización en los mercados continuos. Nuestro equipo debe poder pensar con libertad, visión y cierto grado de ambición. Mediante las palancas de este libro demostraremos que podemos acotar y gestionar el riesgo de manera ordenada y por etapas, lo cual nos dará argumentos para defender nuestro plan, venciendo la corriente de las grandes corporaciones por buscar volumen, resultados inmediatos y escala.

No olvidemos que la visión debe ser ambiciosa, ilusionante y sostenible a largo plazo sin perder su flexibilidad. Ha de resultar tan dúctil, que debería funcionar con el sistema de presupuestos anuales; sería ideal una «vía especial» para dotar fondos de manera flexible y más dinámica. Los presupuestos anuales representan la mejor forma de matar la innovación, ya que fijan y acotan la actividad de todo el año sin dar margen de reacción. Además, se establecen basándose en resultados anteriores y en la actividad hasta hoy, por lo que es como conducir «mirando por el retrovisor» sin dejar margen para las novedades.

El plan debe acompañarse de un detalle táctico a un año vista donde podamos especificar los pasos que daremos mañana para iniciar el camino hacia una compañía de cultura emprendedora, dinámica, flexible y rápida. Es una combinación de «pensar en grande» y «empezar en pequeño». Recordemos que la clave es la ejecución, por lo que seleccionar al equipo resulta vital, así como rodearse de expertos que aporten una visión neutra, fresca y diferente. En esta obra se muestran gran cantidad de acciones que inspirarán este plan táctico.

El gran reto es sostener la ilusión, la motivación y la energía emprendedora a lo largo del camino. Esto resulta muy relevante a la hora de fijar los objetivos ya que, si no somos capaces de generar pronto en el calendario alguna victoria o triunfo rápidos *(quick wins)* y no articulamos mecanismos de reconocimiento y celebración, podríamos caer en el desánimo. Debemos diseñar retos asequibles con objetivos a corto plazo que permitan sostener los niveles de energía.

El difícil equilibrio entre libertad y control

El equilibrio entre libertad y control es un reto que se plasma en tres dimensiones: el alcance, la tolerancia y la autonomía de las iniciativas.

Con relación al alcance, surge el desafío de decidir hasta qué punto nuestra estrategia de emprendimiento corporativo debe marcar una dirección y unos límites en nuestros ámbitos de actuación. Este es uno de los grandes dilemas a los que se enfrenta la empresa y uno de los más importantes para evitar el fracaso en el desarrollo posterior. Buscamos un entorno con mayor libertad para conseguir innovaciones disruptivas que puedan relanzar a la empresa, pero esta no puede perder de vista su misión y su visión originales. No establecer límites y reglas puede convertir a la compañía en un caos difícil de gestionar, provocará dispersión y no tendremos una idea clara de por dónde empezar. Unos límites demasiado férreos nos llevarán sin duda a hacer más de lo mismo.

No existe un único consenso a la hora de definir el alcance estratégico de nuestro emprendimiento corporativo. Algunos expertos afirman que es preciso disponer de una estrategia clara, acotada y muy bien definida[2], mientras otros recomiendan no poner barreras y dar libertad para que la propia actividad emprendedora sea la que defina la estrategia[3]. Nosotros vamos a encontrar un punto medio para no limitar el campo de exploración y detectar oportunidades prometedoras mientras aportamos un marco estratégico de actuación que permita entender cómo el proyecto tiene sentido para la corporación.

Dicho marco estratégico pasa por delimitar muy bien las esferas de actuación o los dominios donde detectamos oportunidades de generar negocio. Pueden ser sectores, dominios o ámbitos de actuación. Este marco evolucionará con el tiempo mediante la experimentación y el aprendizaje propios de la organización, así como por su adaptación a un entorno tan cambiante como el actual.

A su vez, hemos de ser capaces de explicar cómo las nuevas iniciativas pueden tener sentido para la corporación; no ha de tratarse de proyectos sin significado demasiado alejados de sus capacidades, fortalezas, conocimiento y sabiduría acumulada que la hace única. Podemos ser ambiciosos *(think out of the box,* es decir, pensar fuera de la caja) pero sin perder la perspectiva corporativa *(in the box,* esto es, en la caja). Más que una alineación con la estrategia, hablamos de una conexión con la estrategia corporativa[4], que, como ya hemos dicho, es evolutiva, al igual que nuestra organización y nuestro entorno.

Así, encontramos casos de innovación que desafían la imaginación. Por ejemplo, Google, una de las grandes empresas tecnológicas americanas, ha desarrollado una cartera de negocios que incluye desde internet en globos hasta coches sin conductor porque la electrónica y el *software* resultan ya omnipresentes y en sectores tradicionales como el del automóvil dependen cada día más del almacenamiento de energía, la internet de las cosas en movimiento *(Internet of Moving Things),* la navegación, el aprendizaje automático *(machine learning),* los sensores o la conducción asistida.

En segundo lugar, el equilibrio entre libertad y control se define en la tolerancia. Innovar y emprender llevan implícito el concepto de novedad, por lo que precisamos disponer de cierto grado de exploración y creatividad y, por tanto, también de libertad, elemento muy potente pero a su vez arriesgado. No podemos olvidar que las grandes compañías consiguen un alto rendimiento al estandarizar sus procesos mecanizando sus prácticas, controlando, midiendo y compensando gracias a que se apoyan en indicadores estables y previsibles. Enjuiciar qué grado de libertad estamos dispuestos a ceder es una de las decisiones estratégicas de nuestro futuro emprendimiento corporativo. De nuevo precisaremos encontrar un proceso gradual y un constante equilibrio para obtener el mejor rendimiento, que es lo que definirá nuestro ecosistema (palanca 2).

En tercer lugar, la autonomía de las iniciativas nos presentará un nuevo reto en lo que se refiere al grado de aislamiento de los proyectos intraemprendedores. ¿Debemos controlarlas o darles libertad? La respuesta no es única y dependerá de cada organización y de cada caso. El control es más directo cuanto más cerca se está del negocio principal, por ejemplo, cuando las iniciativas se dan dentro de un departamento o de una unidad específica. Desde ahí podemos ir proporcionando libertad para que se establezcan como unidades independientes dentro la empresa o incluso separarlas totalmente de ella para que gocen de plena libertad y autonomía. Esta libertad permite ganar agilidad y flexibilidad pero no garantiza mejores resultados, ya que pueden desalinearse de la estrategia o perder conexión con el negocio principal y por tanto apoyo y acceso a recursos clave de éxito.

Los *sponsors* y los campeones del intraemprendimiento

Todos los procesos de emprendimiento corporativo se inician con un pequeño equipo de trabajo que investiga y desarrolla la estrategia que se va a seguir. Se trata de los impulsores que, escogidos cuidadosamente, deben catapultar y dar un giro a la innovación dentro de la compañía.

Los escogidos poseen una doble naturaleza:

- Los líderes que van a ejecutar y desarrollar la estrategia de intraemprendimiento, también denominados «campeones» *(champions)*, que son visibles y normalmente están claramente identificados como responsables de la innovación y el emprendimiento corporativo. Disponen de sus propios sistemas de coordinación, como comités periódicos.

- Los directivos y personas clave de diversos departamentos y niveles jerárquicos, también llamados *sponsors*, que apoyan desde el seno del negocio principal.

Ambos grupos, apasionados del intraemprendimiento, deben convertirse en los impulsores del proyecto y tener una cualidad fundamental: la comunicación, que será básica tanto hacia las unidades de negocio como hacia el máximo órgano de gobierno de la organización para poder crear el clima y la predisposición necesarios en el camino hacia el cambio cultural.

Para desarrollar la estrategia, tanto campeones como *sponsors* forzosamente han de comunicarse con todas las unidades de negocio, hacerles partícipes del proyecto y recoger todas las inquietudes y la información que pueda resultar útil para definir el mejor modelo para la empresa.

Los *sponsors* son clave para «evangelizar» al resto de la organización, auténticos creyentes en la necesidad de desarrollar a los intraemprendedores. Tienen un papel fundamental tanto en el inicio de nuestro proceso como en fases posteriores, donde a veces, y aunque sea de forma informal o fuera de los canales establecidos, pueden representar un elemento de presión para apadrinar proyectos y conseguir que vean la luz. Para que tengamos éxito, debemos disponer de líderes sólidos dentro de la empresa que crean en el proyecto y le den solidez y veracidad para que el resto de la compañía se implique en su desarrollo.

Más allá de definir quiénes van a liderar este proceso (campeones) y quiénes lo van apoyar desde el negocio principal (*sponsors*), tenemos que tomar una decisión de carácter estratégico: ¿quién va a participar y en qué medida? o, en otras palabras, ¿los procesos de innovación van a estar abiertos a todos los empleados? y ¿cuánto tiempo se le podrá dedicar a estos proyectos?

Nosotros creemos que los procesos de emprendimiento corporativo deberían hacerse abiertos a todos los empleados de la empresa, indistintamente de su cargo o formación previa. La democratización aumenta el alcance, motiva a nuestros equipos y maximiza los rendimientos.

Con relación al tiempo de dedicación a estos proyectos, una vez más existen divergencias en los modelos que utilizan las empresas. Algunas optan por abrir la participación a todos los empleados, otras a restringirla sólo a una parte y las últimas facilitan destinar un porcentaje de tiempo a nuevos proyectos. El ejemplo de Google, ampliamente conocido, opta por dividir el tiempo de sus empleados entre tareas principales, relacionadas directamente con estas y tareas para el desarrollo de nuevas ideas y proyectos. En otros casos se opta por escoger un equipo seleccionado, apartarlo del resto de la organización y permitirle destinar el 100% de su tiempo a la generación e implementación de nuevas ideas, como en el caso de Gallina Blanca Star, que dispone del llamado «*Growth Center*» para el desarrollo exclusivo de innovaciones disruptivas.

Cualquiera de los modelos puede ser válido si se adapta a las necesidades de la empresa y al estado de maduración del emprendimiento corporativo. En etapas iniciales, en las que se realizan actividades aisladas para el fomento de la cultura emprendedora, no tiene sentido disponer de un equipo dedicado a la innovación; es una responsabilidad que puede quedar disuelta en el equipo de campeones. Sin embargo, en etapas posteriores, donde la complejidad de la actividad de innovación y emprendimiento aumenta, recomendamos crear una unidad destinada íntegramente a este fin, pero no como una unidad propiamente generadora de ideas, sino como una unidad de apoyo y dinamización; se trata de campeones a tiempo completo. Por último, cuando el emprendimiento forma parte de su ADN y de los valores de la organización, las personas innovan de manera natural, por lo que dicho emprendimiento está integrado ya en su comportamiento inconsciente y por tanto puede llegarse a prescindir de parte del equipo dedicado al fomento y a la dinamización de la innovación; es un estado en el que «innovamos todos». Se trata de una unidad con conocimiento avanzado de las fases y herramientas para el filtrado de proyectos para el seguimiento y lanzamiento al mercado y para nutrir un cuadro de mando.

HERRAMIENTAS CLAVE
CORPORATE ENTREPRENEURSHIP ASSESSMENT INSTRUMENT (CEAI).

El *Corporate Entrepreneurship Assessment Instrument* (CEAI)[5] es un instrumento que intenta medir la efectividad de los factores clave que influencian las actividades y los comportamientos innovadores dentro de la empresa.

De forma simplificada, se trata de un test de cuarenta y ocho preguntas, una herramienta de diagnóstico que evalúa las cinco principales dimensiones para crear un entorno innovador e intraemprendedor:

1. El nivel de apoyo de la dirección.

2. La tolerancia al error, la capacidad para expresarse libremente y la delegación de responsabilidad.

3. La percepción de la recompensa al intraemprendimiento.

4. La disponibilidad de tiempo para el desarrollo de nuevos proyectos innovadores.

5. La percepción de la flexibilidad en los límites y normas de la organización.

El CEAI es un método relativamente rápido que además analiza el intraemprendimiento y la innovación a nivel individual, por lo que puede resultar una buena herramienta para medir la percepción de los empleados de la innovación y los procesos intraemprendedores dentro de la compañía, especialmente en empresas que ya dispongan de un programa con el que no estén satisfechas y quieran obtener información para redefinir su estrategia.

Puede ser un buen indicador de la facilidad y viabilidad de implementar una estrategia innovadora dentro de la organización, así como de las principales barreras con las que nos encontraremos.

Innovar con emprendedores: el *corporate venturing*

El emprendimiento corporativo nace en parte como una respuesta a la presión para innovar radicalmente y hacer frente a las dinámicas y a las agresivas empresas emergentes *(startups)* que florecen ágilmente, con ambición y sin miedo al riesgo.

Tradicionalmente la forma de crecimiento más fácil para una compañía era mediante adquisiciones. Como el proceso de adquisición resulta lento y costoso y presenta un alto riesgo, se hace indispensable buscar una renovación interna que posibilite crecer orgánicamente con nuevos productos y/o servicios.

Sin embargo, las empresas emergentes ya no se ven únicamente como «el enemigo», sino que la gran empresa se ha dado cuenta de las posibilidades que ofrece la colaboración entre ambas para obtener mejores resultados. La combinación de la solidez y los recursos económicos, humanos y de sistemas de información, junto con las características de las empresas emergentes pueden ofrecer la fórmula perfecta del éxito.

El *corporate venturing* se basa en la colaboración con empresas emergentes externas, normalmente por la vía de la participación accionarial. Sin duda se trata de una decisión estratégica fundamental, si bien no creemos que resulte realmente viable si la organización no ha desarrollado previamente su intraemprendimiento interno. El choque cultural y de necesidades puede ser excesivo aunque aislemos el *corporate venturing* en una sociedad externa e independiente.

Ninguna estrategia de innovación actual debería dejar de lado la colaboración externa con empresas emergentes, aunque sea en formas sutiles, como la competición de ideas o programas de *mentoring,* hasta disponer en fases más avanzadas de herramientas o unidades específicas, como una incubadora o aceleradora o mediante la participación directa en el accionariado.

La pequeña y la gran empresa tienen un ADN muy diferente pero también tienen a la vez complementariedades que crean un efecto de atracción y de repulsión a la vez. Superando las diferencias y desarrollando fórmulas de colaboración podemos obtener lo mejor de ambos mundos, objetivo principal de nuestra actividad de *corporate venturing.*

Desde la gran corporación tenderemos que desarrollar una propuesta de valor para la pequeña empresa emergente, algo que puede ser relativamente nuevo y a lo que no se está habituado. La inercia de una gran organización, una marca y elevados volúmenes lleva a creer de manera errónea que las pequeñas empresas vendrán por sí solas.

La compañía debería comunicar efectiva y públicamente su estrategia y su propuesta, así como sus criterios de búsqueda, inversión y colaboración para atraer y llamar la atención de empresas emergentes que no controle y que proactivamente se interesen en establecer un vínculo.

La propuesta de valor es algo que la empresa emergente ya lleva definido por naturaleza desde su concepción, dado que aborda una oportunidad de negocio y todo su equipo precisa vender el proyecto las 24 horas del día. Normalmente la empresa emergente se siente muy atraída por tres factores que la gran empresa puede facilitar: una sólida base de clientes, capacidad de producción y recursos materiales y/o económicos.

CASO GRUPO AGBAR
INNOVAR MEDIANTE ESTRATEGIAS DE *CORPORATE VENTURING.*

El grupo Agbar, con más de ciento cuarenta años de historia, opera en el sector de servicios del ciclo integral del agua dando servicio a más de 26 millones de habitantes. Se trata de una empresa absolutamente tradicional en un ámbito poco innovador y con un mercado muy estable que invita a hacer pocos cambios en el negocio. Es un perfil de compañía absolutamente opuesto a lo que cualquiera puede tener en mente al asociar normalmente innovación con empresas tecnológicas. Por ello hemos querido tomarla como ejemplo de grandes organizaciones que, a pesar de su perfil, apuestan por la innovación mediante estrategias de *corporate venturing*.

El grupo Agbar ha creado Síty, una incubadora y aceleradora para apoyar a empresas emergentes innovadoras que resuelvan retos urbanos y mejoren la calidad de vida de los ciudadanos. Así, ha incorporado a su programa de incubación proyectos diversos, como geolocalización de personas dependientes, huertos urbanos, impresión 3D, etcétera.

> Antes de la incubación existe un programa para descubrir, atraer y filtrar los mejores proyectos. Sólo los seleccionados pasan a una fase de incubación con apoyo económico, espacios de trabajo, *coaching* y formación. Finalizado el período de incubación, los proyectos elegidos pueden ser acelerados mediante inversión directa en las empresas emergentes.
>
> El grupo Agbar ya disponía de unidades y recursos destinados a fomentar la innovación en su negocio principal, la gestión del agua, pero con esta iniciativa logra abrirse a nuevos proyectos totalmente desvinculados.

La estrategia de porfolio

En nuestro desarrollo estratégico la compañía debe ser capaz de tomar decisiones con relación a la dirección y los objetivos de su futuro crecimiento. Ya hemos visto que nuestra estrategia ha de establecer ciertos límites de alcance, que se tienen que ir adaptando a los nuevos requerimientos de mercado y al entorno de manera flexible. Esto resulta muy relevante tanto si iniciamos nuestro camino en este viaje intraemprendedor como si ya estamos en una etapa más avanzada. Debemos ser siempre coherentes con nuestra visión y estrategia corporativa, sin perder el espíritu de contribuir al crecimiento aprovechando las ventanas de oportunidad de forma más ágil que nuestra competencia, reforzando así las ventajas competitivas.

Una herramienta clásica pero aún muy eficaz es la matriz producto-mercado de Ansoff[6], que permite describir oportunidades y opciones estratégicas alimentando la etapa de reflexión. Se basa en cuatro alternativas estratégicas de crecimiento:

1. **Penetración de mercado (producto actual/mercado actual):** vender los mismos productos y servicios en los mercados existentes aumentando cuota de mercado.

2. **Desarrollo de mercado (producto actual/mercado nuevo):** vender más de nuestros productos y servicios en nuevos mercados.

3. **Desarrollo de producto (producto nuevo/mercado actual):** vender nuevos productos o servicios a nuestros clientes actuales complementando o sustituyendo nuestra oferta.

4. **Diversificación (producto nuevo/mercado nuevo):** vender nuevos productos en nuevos mercados.

Cuadro P1.2. Alternativas de crecimiento

	Producto Actual	Producto Nuevo
Mercado Actual	Estrategias de penetración	Desarrollo de producto
Mercado Nuevo	Desarrollo de mercado	Estrategias de diversificación

Además, en etapas más avanzadas en las que ya disponemos de una cartera de iniciativas también debe existir un criterio de coherencia interna y un equilibrio. Podemos aprovechar efectos positivos propios de la diversificación en iniciativas de diferente naturaleza.

Otra herramienta sencilla para la planificación de porfolio especialmente útil en emprendimiento corporativo *(corporate entrepreneurship)* es la matriz BCG[7], basada en el ciclo de vida del producto, que relaciona la cuota y el crecimiento del mercado para evaluar la rentabilidad y el crecimiento de las distintas iniciativas o unidades de negocio.

Se establecen cuatro cuadrantes:

1. **Las estrellas:** son productos que gozan de una alta cuota en mercados de alto crecimiento. Resultan rentables y tienen potencial de crecer, por lo que se recomienda invertir y potenciar.

2. **Las vacas lecheras:** se trata de productos extremadamente rentables que no requieren grandes inversiones para mantener el *statu quo*. Son mercados estables o incluso decrecientes en los que la organización mantiene presencia y cuota de mercado.

3. **Los interrogantes:** son productos en mercados de rápido crecimiento pero con poca cuota de mercado, por lo que su futuro desarrollo resulta incierto. Precisan apoyo y estudio para ver cómo y dónde invertir.

4. **Los perros:** cuando hay mercados en los que no tenemos cuota o presencia y donde además decrece el volumen, se recomienda abandonar o «cosechar» para sacar el máximo rendimiento, por ejemplo, mediante su venta.

El concepto cuotas de mercado debe usarse de forma relativa; no siempre está bien definido y han de incluirse productos sustitutos. Funciona mucho mejor en mercados maduros, dado que normalmente en los inmaduros u océanos azules[8] es donde operan las empresas emergentes y no se ha alcanzado un estado de estabilidad y equilibrio suficientes para diferenciar las categorías de la matriz. Se trata de evaluar la cartera de iniciativas regularmente para establecer prioridades, matar proyectos a tiempo y prestar atención a los competidores y a los cambios en el mercado. Esa es la clave que nos permitirá mantener un mix de iniciativas y unidades de negocio en nuestra cartera que la convertirá en rentable y sostenible.

ENTREVISTA
JUAN LUIS RODRÍGUEZ SÁNCHEZ DEL ÁLAMO, SUBDIRECTOR DE INNOVACIÓN DE REPSOL S.A.

Juan Luis Rodríguez Sánchez del Álamo tiene una larga carrera dentro del sector energético y es experto en tecnología e innovación. Como subdirector de innovación de Repsol es responsable, junto a su equipo, del diseño y desarrollo de los procesos, estrategia, herramientas y desarrollo organizacional para impulsar la innovación en la empresa. Repsol es una multinacional energética y petroquímica española con presencia global que opera en más de cincuenta países.

¿Cuáles son los principales retos a los que se enfrenta la industria energética y petroquímica en los próximos años? ¿Qué papel desempeña la innovación en ellos?

Yo destacaría tres megatendencias que se afectan y refuerzan mutuamente: en primer lugar, el problema del cambio climático, que afecta al planeta como quizás ninguno en la historia de la humanidad. Por otra parte, la consolidación de valores sociales basados en el consumo responsable y la participación solidaria. Y finalmente, la evolución tecnológica de las energías renovables, especialmente la generación fotovoltaica y eólica, que ofrece nuevas soluciones descentralizadas viables y económicas a los combustibles fósiles.

¿El valor de la innovación? Siempre pensamos en la generación de soluciones, pero las «grandes respuestas» sólo se generan a partir de «grandes preguntas». Creo que en el día de hoy es más importante entender los problemas que saltar a soluciones ya definidas por ideologías.

¿Cómo moviliza Repsol a sus más de veinticinco mil empleados para contribuir al desarrollo de la innovación? ¿De qué principales herramientas hace uso para conseguirlo?

La principal herramienta es el programa de intraemprendimiento, aunque no lo llamamos así. Se trata de equipos formados por profesionales de Repsol (cinco personas aproximadamente) que trabajan a tiempo parcial (un día a la semana) en el desarrollo de una iniciativa de negocio. A finales de 2015, en el tercer año del programa, alcanzamos el equipo número doscientos y la participación de mil profesionales en España. Ya en 2016 lanzamos este programa internacionalmente y esperamos duplicar las cifras de participación en dieciocho meses.

¿Cuál es el sistema para decidir si un proyecto sigue adelante o no?

Todo equipo cuenta con el apoyo de un directivo de Repsol, quien decide en última instancia el progreso de una iniciativa.

¿Invierte Repsol en proyectos disruptivos y de alto riesgo? ¿Cómo se gestionan el fracaso o los errores?

La innovación de mayor riesgo e incertidumbre se desarrolla a través de nuestro Centro de Tecnología Repsol, que cuenta con cuatrocientos investigadores en el área de I+D y un presupuesto de cerca de cien millones de euros, lo que lo convierte en uno de los cinco principales centros de España y uno de los más importantes en Europa.

La gestión del error o, más bien, la gestión de la oportunidad de aprendizaje que nos da el error ha sido y es un punto focal en el desarrollo de la cultura de innovación de la Compañía.

¿Cómo se encuentra el equilibrio entre innovación y productividad? Gestión del tiempo, dispersión de ideas, premios, etcétera.

No creo que haya dicotomía entre productividad e innovación. La productividad nace de una excelencia operativa que no sólo es prerrequisito de la innovación (¿qué compañía introducirá nuevos productos cuando los actuales sean mediocres?), sino que ambas comparten los mismos valores y comportamientos: sano cuestionamiento con el *statu quo,* resiliencia, generosidad, trabajo en equipo, etc.

Ciertamente difieren en los métodos y herramientas (basados en el análisis los primeros y en el aprendizaje validado las segundas) y en el grado de incertidumbre con el que tienen que operar, lo que hace necesario en una empresa combinar el mundo operativo con el mundo exploratorio, cosa nada fácil.

Muchos expertos sostienen que la mejor forma de innovar en una gran organización es copiando sistemas que utilizan las empresas emergentes. ¿Qué opinión tiene al respecto?

Una empresa emergente no es una gran empresa en pequeño y tampoco el ideal de una gran empresa es convertirse en una empresa emergente gigante. En Repsol buscamos el ideal de unir la pasión e ingenuidad de una empresa emergente con el método y los recursos de una empresa exitosa.

Repsol dispone de un Centro de Tecnología que unifica todo su I+D. ¿Por qué ha preferido centralizar su I+D frente a un modelo más disperso y más cercano a centros/zonas/países altamente innovadores?

El Centro de Tecnología tiene sedes en Madrid (España), Houston (Estados Unidos) y Río de Janeiro (Brasil), con lo que buscamos la necesaria centralización de recursos en I+D con la diversidad cultural.

¿Cómo aplica Repsol los principios de la innovación abierta *(open innovation)*? ¿Cómo colabora con centros de tecnología, universidades y empresas emergentes?

A través de dos programas:

- *Inspire,* gestionado por la Dirección de Tecnología, a través del cual se colabora con universidades y centros tecnológicos para la búsqueda sistemática y abierta de nuevas soluciones.

- El Fondo de Emprendedores, gestionado por Fundación Repsol, que incuba y acelera a empresas emergentes que trabajan en el área de la eficiencia energética.

¿Cómo atrae, retiene y potencia Repsol el talento intraemprendedor? ¿Qué retos (positivos y negativos) considera que va a implicar la entrada de los *millennials* en la organización?

He mencionado el factor más importante, a mi juicio, para potenciar el talento intraemprendedor: la oportunidad para trabajar en iniciativas de innovación, que se complementa con programas de formación, algunos abiertos a toda la organización y otros específicos para los profesionales más involucrados en su desarrollo. El mejor ejemplo de esta segunda categoría es el Programa de Facilitadores de Innovación, que, al igual que sus homólogos de *Lean Management,* trabajan y acompañan a los equipos de trabajo.

¿Puede nombrar un proyecto innovador del que se sienta especialmente orgulloso desarrollado por Repsol en los últimos cinco años?

Con más de doscientos proyectos en los últimos tres años, sería una soberbia por mi parte destacar unos pocos.

¿Cómo se mide el impacto de la innovación en la empresa? ¿Existen métricas más allá del retorno sobre la inversión (ROI)? ¿Cómo se consigue un mix correcto entre los resultados a corto y a largo plazo?

La medida del valor económico de una iniciativa de innovación es la misma que para cualquier otro proyecto de negocio: *Net Operating Profit After Taxes* (NOPAT) cuando sea necesario Return on Investment (ROI) y el Net Present Value (NPV) junto a los escenarios de sensibilidad que incluyen la cuantificación del riesgo.

Conclusiones

La estrategia corporativa guía las decisiones y las actuaciones en nuestra organización en todos sus niveles. Junto a la visión y a la misión, fijamos el horizonte, brindamos un reto y dibujamos un sueño que, compartido, movilizará nuestros equipos hacia el éxito.

Nuestra actividad de intraemprendimiento debe alinearse con la estrategia corporativa y disponer de su plan estratégico. Es fundamental desarrollar una estrategia de emprendimiento corporativo de forma abierta y colaborativa con las personas clave de la organización mediante análisis y reflexión plasmando los resultados de forma ordenada en un plan táctico. El compromiso resulta un ingrediente esencial, que se transforma en pasión y que a su vez representa el combustible de una ejecución eficaz.

El emprendimiento corporativo tiene sus propios retos estratégicos debido a la diferente naturaleza de la actividad emprendedora. Exige encontrar el equilibrio en diferentes dimensiones para alcanzar su pleno rendimiento, en especial entre libertad y control, que se define en tres dimensiones: el alcance, la tolerancia y la autonomía de las iniciativas.

Una actividad emprendedora en la corporación debe ir más allá de nuestros comportamientos, acciones y actividades internas. Dejemos de entender la empresa emergente externa como una amenaza constante y démosle la vuelta analizando vías de colaboración. Desde el *corporate venturing* diseñamos propuestas de valor muy atractivas para la pequeña, dinámica y ágil empresa naciente, de manera que la convertimos en un socio que nutre nuestra innovación, cultura y capacidad emprendedora.

No hay que olvidar la gestión de nuestra cartera para poder crear un mix coherente y rentable. Se trata de evaluar las unidades de negocio y las iniciativas regularmente para establecer prioridades, abandonar los proyectos a tiempo y prestar atención a los competidores y a los cambios en el mercado. Hay que aprovechar las oportunidades de mayor potencial y gestionar la incertidumbre para ofrecer, en definitiva, mayores rendimientos de forma sostenida.

ental conditions of their ecosystem to

PALANCA 2
EL ECOSISTEMA

CON ESTA PALANCA SE CONSIGUE:

- Establecer el clima adecuado para el fomento del emprendimiento corporativo a través de la cultura, los valores, la actitud de los participantes y el desarrollo de ciertas competencias, los espacios físicos, los sistemas de compensación y la estructura organizacional.

- Comprender las barreras internas existentes: personas, normas y burocracia.

- Saber cómo captar, retener y motivar a los intraemprendedores, que en definitiva son quienes nos ayudarán a mantener nuestra competitividad en entornos turbulentos.

«Espíritu emprendedor para evolucionar hacia una cultura de innovación».

... y por todo ello necesitamos modificar nuestra cultura, valores, organización y procesos para crear un ecosistema que nos permita potenciar y desarrollar nuestra innovación. ¡Bienvenidos los intraemprendedores!

... que no me toquen el salario... que no me muevan de mi silla... que no me cambien el horario... que no me hagan pensar... vamos a trabajar más...

Cuadro P2.1 Palanca 2: el ecosistema

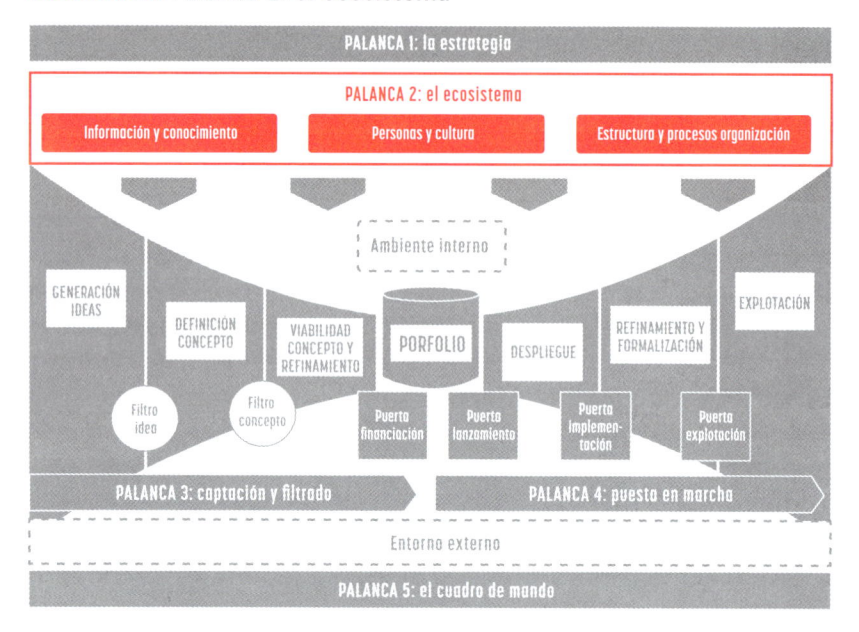

El ecosistema configura un hábitat para tener éxito en nuestra misión de potenciar un ambiente dentro de nuestra organización favorable al desarrollo del espíritu intraemprendedor.

No siempre es una tarea fácil, ya que tradicionalmente a lo largo de su historia las empresas se han diseñado para acabar con cualquier intento de desestabilizar, innovar, transformar o modificar cualquier parámetro que impida que el negocio principal se vea afectado. La típica frase de «aquello que funciona no lo toques» es evidente en empresas que ven cómo algunas de sus líneas de negocio básicas permanecen prácticamente inalteradas a lo largo de los años y de forma consciente o inconsciente han ido creando sistemas burocráticos, tomas de decisiones lentas y jerarquías que impiden cualquier atisbo de intraemprendimiento.

Esto es independiente de su tamaño. Las empresas pequeñas y/o medianas también sufren el «virus del tradicionalismo», aunque cuentan con la ventaja de disponer de una estructura más ligera y ágil para asumir cambios. Por otro lado, las compañías de mayor tamaño tienen más recursos para afrontar cambios y reestructuraciones.

Cuadro P2.2. El ecosistema en una empresa tradicional frente a una innovadora

Bajo (tradicional)	Dimensión	Alto (innovador)
› Predecible. Resistencia al cambio › Motivación extrínseca › Experiencia	› Cultura corporativa › Atracción	› Aceptación del cambio › Motivación intrínseca › Experiencias
› Estabilidad y control centralizado › Jerárquica y departamental	› Estructura organizativa › Empoderamiento	› Flexibilidad y autonomía › Plana, basada en el trabajo en equipo
› Burocrática, rígida › Focalizada en los procedimientos	› Sistemas › Conectar	› Abiertos, flexibles, interconectados, en red › Focalizados en los resultados › Comunicación y coordinación
› Basada en la responsabilidad y la antigüedad › Recompensas únicas para todo el mundo (one size fits all) › Incentiva el comportamiento seguro y eficiente	› Filosofía para recompensar › Motivar	› Basada en la creación de valor y el trabajo en equipo › Incentivos individualizados › Promueve la creatividad y la innovación
› Especializada › Orientada a la tarea y al rol	› Aprendizaje › Integración	› Integradora, continuada y experimental › Focalizada en el crecimiento individual

Fuente: MCBETH, E.W. y RIMAC, T., 2004, *The Age of Entrepreneurial Turbulence*.

Cabe recordar que los ciclos de vida de los productos cada vez son más cortos y la innovación disruptiva ya no resulta la excepción, sino en muchos casos la única forma de ser competitivos en un entorno global. Cuestionaremos viejas creencias porque para crear un ecosistema intraemprendedor que funcione tendremos que poner bajo presión algunos de los propios valores de la empresa que se habían mantenido inamovibles durante años. En este sentido, nuestra experiencia demuestra que generar cierto sentimiento de urgencia funciona muy bien; en este proceso se diseñan actividades y acciones de comunicación específicas, siempre contando con la intervención de la alta dirección.

Un elemento esencial que siempre evaluamos en las etapas de análisis es la comunicación interna en la organización. Será fundamental poder comunicar de forma regular para llegar a todos los rincones de la compañía. Nuestras estrategias deben considerar, por ejemplo, desde publicar en la revista interna de la empresa o en la *newsletter* hasta influir en el boca-oreja que se da en la cantina. Son tan importantes los canales oficiales como los informales, por lo que también debemos implicar y convertir en embajadoras a las personas que son núcleos de contactos y difusores de información.

Las grandes organizaciones están repletas de escepticismo ante cualquier novedad, por lo que hay que estar preparado para recibir críticas y escaso entusiasmo en muchas áreas de la empresa. En buena parte esta opinión vendrá fundamentada también por la propia historia y por los antecedentes de la compañía, contra lo que es difícil luchar. Puede considerarse una simple moda pasajera o despreciarse por desconocimiento o por verlo como una amenaza. Los empleados obviamente tienen memoria y los estigmas negativos (verdaderos o falsos) corren como la pólvora dentro de las organizaciones. Si la empresa en el pasado ha actuado precisamente de forma contraria al clima que estamos intentando crear, está claro que no podrá construir un ecosistema distinto en poco tiempo. Sin falsas promesas ni exagerar los beneficios, paso a paso vamos a crear el clima adecuado para lograr nuestro propósito.

Las barreras al talento intraemprendedor

Lo primero es revisar el proceso de selección en recursos humanos, ya que allí precisamente es donde encontramos en la mayoría de empresas el principal obstáculo o el filtro al talento intraemprendedor. Desgraciadamente, en los procesos de selección las personas con carácter emprendedor son mayoritariamente descartadas, con lo que la empresa pierde la posibilidad de tener en su equipo a personas con un alto potencial y que pueden aportar una visión totalmente diferente a la compañía. Los mismos candidatos con alto potencial esconden deliberadamente su perfil emprendedor sabedores de que la organización busca perfiles grises en los que se valora la manejabilidad, la eficiencia y la obediencia por encima de todo. En un futuro donde las máquinas y la inteligencia artificial ganarán cada vez más protagonismo, captar empleados con un alto potencial intraemprendedor, creatividad, energía y vocación innovadora resultará esencial para la competitividad de la empresa. Los intraemprendedores poseen una gran visión de futuro y están muy enfocados a la acción.

Los motivos para descartar este perfil de empleados en los procesos de selección tradicionales son obvios. Las personas con carácter emprendedor tienen sana ambición, quieren progresar e innovar, tienden a no sentirse cómodas en rígidas compañías jerarquizadas, se aburren fácilmente en entornos muy estables y reacios al cambio y necesitan líderes más allá del cargo; en definitiva, se trata de perfiles considerados de alto riesgo y fácil volatilidad. Cuántas veces hemos oído la dichosa frase: «Excelente candidato, pero demasiado emprendedor».

Las organizaciones esconden con el rechazo a este perfil de candidatos el miedo y la incapacidad de los directivos y mandos intermedios a liderar un equipo dinámico e inconformista, unido a unas estructuras organizativas y una cultura empresarial reacias al cambio e incapaces de dar respuesta a personas con inquietudes.

Para romper esta dinámica, en primer lugar debemos profesionalizar al máximo (internamente o con ayuda de profesionales externos) nuestro proceso de selección, de manera que en él se valore de forma objetiva y positiva la capacidad de los candidatos de aportar este plus emprendedor a nuestra empresa.

En muchas ocasiones, cuando desarrollamos programas de intraemprendimiento, creamos también una guía con consejos prácticos para el departamento responsable de la selección a partir de los rasgos principales del perfil del emprendedor corporativo definido para esa compañía.

Las cualidades deseadas de los empleados del futuro deberían contemplar, entre otras, la curiosidad, imaginación, creatividad, persistencia, aversión al riesgo y autonomía. Pero esto no significa que la compañía tenga que descartar perfiles más tradicionales, ya que igualmente seguirán siendo necesarios en las organizaciones perfiles más de dirección, organización, planificación o control o perfiles de líderes que puedan aportar visión, gestión del cambio, etc. En todo caso, será necesario un nuevo reequilibrio en el perfil de los nuevos empleados para empezar a cambiar la dinámica interna.

Conseguir captar y atraer talento intraemprendedor debe convertirse en una prioridad, aunque esta primera piedra de poco servirá si, como veremos a continuación, no conseguimos potenciar y retener el talento interno.

Si la empresa no dispone de métodos rigurosos y bien testados de selección, habremos asistido indudablemente a un proceso de «venta» engañosa por ambas partes. Probablemente el candidato habrá escondido sus ansias creativas, innovadoras y participativas en aras de mostrarse serio, disciplinado y leal, mientras que la empresa habrá cantado las virtudes de su organización participativa, sus planes de formación, sus sistemas justos de retribución y promoción y obviamente su ADN innovador. Sólo es cuestión de tiempo que este enamoramiento inicial se enfríe y llegue a su fin o simplemente se convierta en una relación de conveniencia con fecha de caducidad.

Nuestra compañía ha de exigir a los candidatos nuevas cualidades, competencias y habilidades. Debemos valorar a las personas con una actitud diferente y carácter emprendedor y a la vez ofrecer un sistema de organización y cultura intraemprendedora atractiva para competir en la atracción del talento.

Detectar a los intraemprendedores

Hemos de evolucionar hacia una cultura corporativa enfocada a la aceptación del cambio y que busque la motivación intrínseca del propio empleado en detrimento del modelo tradicional, de cultura predecible y resistente a los cambios. Para lograrlo, resulta esencial en primer lugar formar a los empleados internos en la necesidad de entender este cambio como un elemento fundamental para la competitividad y supervivencia de la empresa, que tiene que adaptarse a los nuevos retos del mercado y de los competidores, así como a las ventajas de trabajar en un sistema con mayor incerteza. En grandes organizaciones esta mudanza no será fácil y requerirá diversos detonantes para que se empiecen a ver los frutos del cambio en la cultura corporativa. Recordemos que, obviamente, la compañía antes y probablemente desde su fase de maduración y consolidación ha estado «matando» la creatividad y el espíritu intraemprendedor de sus empleados, por lo que despertarlos y convencerlos no será tarea fácil.

La cultura corporativa debe poder plasmarse por escrito, ser conocida por todos los empleados y transmitir los nuevos valores sobre los que se desea construir y reactivar la organización.

Resulta fundamental formar a los directivos y mandos intermedios para que aprendan a huir de su zona de confort y a valorar un nuevo perfil de empleados y a cómo dar respuesta a sus inquietudes. Hay que convertirlos en auténticos líderes que puedan contagiar una nueva forma de hacer las cosas en la empresa, un nuevo espíritu. Recomendamos un apoyo externo para entrenar codo con codo a las personas seleccionadas, haciendo un seguimiento basado en métodos probados que garantizan la creación de nuevos hábitos.

Por último, es primordial fomentar el trabajo en equipo y la colaboración en la generación de ideas y proyectos. Formar equipos multidisciplinares que bajo un liderazgo claro reúna perfiles con gran talento en diferentes áreas ayudará a que el intraemprendimiento se desarrolle más sólidamente. De igual manera, nuestra experiencia confirma que mediante talleres prácticos se rompen los silos departamentales para crear grupos transversales de alta capacidad y alto rendimiento.

HERRAMIENTAS CLAVE
PROGRAMA DE INNOVACIÓN ADOBE KICKBOX.

Kickbox[1] es un programa de innovación que significa literalmente «dentro de una caja» que la empresa de *software* estadounidense Adobe desarrolló para su propio uso interno y que ofrece como licencia *Creative Commons* para que todos puedan descargarlo y utilizarlo.

Kickbox está paquetizado en una caja y diseñado para aplicarse a toda la organización con el fin de acelerar los procesos innovadores y medir y mejorar los resultados de la innovación.

El sistema de Adobe, explicado de forma resumida, es simple: cualquier empleado que quiera participar recibe una caja (*box*) de color rojo con material diverso y curioso: pósit, chocolatinas, vales para tomar café, una guía con todos los pasos para desarrollar un proyecto y 1.000 $ que puede gastar en lo que quiera para desarrollar el proyecto.

Es decir, de forma compacta en una caja reciben un kit para fomentar la innovación dentro de la empresa. El único requisito para obtener la caja roja es asistir a un taller de dos días de formación donde se entrega el material y se explican las bases y se aportan los conocimientos básicos para desarrollar la idea.

Una vez iniciado el programa, el intraemprendedor o los equipos de intraemprendedores (ya que se prefiere que las actividades se realicen en equipo) reciben soporte y *coaching* para avanzar en su idea.

El sistema de Adobe dispone de tres características realmente destacables:

1. Es abierto a toda la compañía.

2. Dispone de un apoyo económico de partida sin restricciones de uso (1.000 $) por proyecto.

3. Aquellos que superan todas las fases estipuladas en la caja roja reciben una caja azul, de la que Adobe no facilita el contenido para promover el misterio e incentivar el trabajo para conseguirla (teóricamente contiene herramientas y más recursos, económicos o de otro tipo, para pasar del proyecto al mercado).

El ejemplo de Adobe Kickbox resulta magnífico para ilustrar una forma de implicar a todos los empleados inquietos y con ideas en participar, dejarse ver y, muchas veces, salir del «anonimato»: es una forma ideal de descubrir a potenciales intraemprendedores. Incluso la misma organización afirma que el principal propósito del programa realmente no era lograr nuevas innovaciones, sino crear y fomentar nuevos innovadores dentro de la organización.

Además, el formato y diseño son en sí muy originales, divertidos e innovadores en cuanto a la metodología para validar ideas de negocio. Desde nuestra empresa hemos implantado este sistema utilizando metodologías similares, soluciones paquetizadas totalmente personalizadas incluso con el *branding* del cliente. Se establecen como productos/servicios internos de las empresas para detectar a los inquietos y movilizarlos hacia el intraemprendimiento, invitándolos a empezar este intenso viaje retador.

Estructuras organizativas dinámicas

Nuestra nueva cultura corporativa se desarrolla en diferentes ámbitos de la compañía e impacta también en la estructura organizativa. Las estructuras excesivamente piramidales, jerarquizadas, departamentales, con un férreo control, deben dejar paso paulatinamente a una forma de trabajo más autónoma y flexible, con sistemas basados en el trabajo en equipo y en las decisiones más consensuadas.

Una empresa emergente con pocos empleados es capaz de tomar decisiones en una simple reunión, evaluar nuevas oportunidades en un día y dar un giro a su estrategia en una mañana. Esta frescura y este dinamismo se empiezan a perder en el momento en el que la empresa crece, pues se ve obligada a gestionar este crecimiento mediante departamentos o unidades de negocio independientes.

Deshacer estructuras que en algunas organizaciones tienen más de cien años no es tarea que se pueda llevar a cabo en un día pero debemos recordar que el factor tiempo pasa a tener un peso específico vital en el desarrollo de nuevos productos o servicios. Podemos desarrollar mecanismos y circuitos paralelos a los existentes para canalizar proyectos de innovación de modo más rápido y dinámico. A algunas organizaciones a las que hemos asesorado les hemos implantado un sello para proyectos especiales: cualquier directivo que tenga encima de su mesa un proyecto con este sello ha de darle máxima prioridad en el mismo día.

Otra opción consiste en crear células de innovación configurando equipos con personas de diferentes disciplinas y departamentos que trabajan con el fin común de impulsar los proyectos seleccionados. Se trata de unidades temporales de alta capacidad.

Piensa un momento: en un entorno tan cambiante y dinámico como el actual, si tu empresa tarda seis meses en tomar una decisión, ¿no crees que tiene un problema?

Espacios de trabajo que inspiran

Todos los detalles son importantes para crear el ecosistema necesario para desarrollar el emprendimiento corporativo. Si algo tienen en común las grandes multinacionales líderes en innovación es que sus espacios de trabajo son eficientes y responden a una finalidad: fomentar la comunicación y el trabajo en equipo.

Más allá del tópico de la sala de videojuegos, es evidente que los despachos cerrados, las barreras visuales y los entornos grises y sin personalidad no estimulan en exceso la comunicación entre los empleados ni la creatividad. Y resulta que el rendimiento de la innovación correlaciona positivamente con la intensidad del cruce de conocimiento, disciplinas y, por tanto, personas.

Recordemos que, gracias a las nuevas tecnologías, cada vez más los puestos de trabajo resultan totalmente móviles, lo que nos permite desempeñar nuestras tareas en la oficina, en casa o tomando un café en un bar. Las oficinas tradicionales han perdido un poco su sentido original; necesitan rediseñarse para convertirse en puntos de reunión, de formación, que respondan a las nuevas necesidades.

Las empresas más innovadoras en este campo centran sus esfuerzos en lo que se ha pasado a denominar «trabajo basado en la actividad» *(Activity-Based Working* [(ABW)]), es decir, la creación de entornos de trabajo muy flexibles fundamentados en las actividades necesarias que hay que efectuar. Muchos de los empleados ya no disponen de un puesto fijo de trabajo, sino que pueden moverse dentro de la compañía según las necesidades (salas para reuniones privadas, conferencias/presentaciones, zonas colaborativas y espacios de descanso).

El lanzamiento de un programa de emprendimiento corporativo puede ser un momento ideal para rediseñar los espacios de trabajo. En esta línea, varios clientes nos han pedido hacerlo mediante criterios de Feng Shui, una corriente de pensamiento oriental basada en la ocupación armónica del espacio con el fin de lograr un equilibrio que tiene una influencia positiva sobre las personas que lo ocupan. Los colores, la distribución de los muebles o la luz afectan al rendimiento y a la felicidad de los empleados.

Algunas organizaciones han optado por crear espacios específicamente destinados a la innovación disruptiva con todo el equipamiento necesario para fomentar el intercambio de ideas, el trabajo en equipo o la realización de talleres de innovación, por ejemplo. En algunos casos hemos incluido en las mismas salas de reuniones herramientas con instrucciones para generar o filtrar ideas. Se trata de incorporar la innovación en todos los rincones de la oficina, de manera que se respire emprendimiento. Tampoco hay que olvidar que muchas veces las mejores ideas nacen frente a una máquina de café. Todo contribuye a instaurar un sistema operativo de forma que se imprima una actitud más dinámica, proactiva y a la vez tolerante.

Independientemente de si se dispone de estos recursos, recomendamos realizar estas actividades fuera de sus instalaciones habituales, con lo que se tiene más flexibilidad de elección y se desplaza a los empleados a un entorno distinto del habitual. Esto posibilita la creación de un clima normalmente más distendido, fuera de la rutina, que el que se produce dentro de las instalaciones de la empresa. La intervención de dinamizadores expertos contribuye a obtener más valor con: la convocatoria y preparación previas, la ejecución con una moderación profesional, las aportaciones más democráticas sin que influya la jerarquía o el registro de resultados y el seguimiento posterior.

Nuevos sistemas retributivos

Sorprendentemente, existen compañías que buscan incentivar la innovación y la participación de sus empleados y destinan importantes recursos para conseguirlo pero no disponen de ningún sistema de premios o incentivos establecidos.

Consideramos que, igualmente, la organización debe adaptar sus sistemas retributivos, pasando de los basados en la antigüedad a otros fundamentados en la creatividad y la innovación con independencia de la edad del empleado, su categoría o sus años de experiencia en la empresa. Se deben diseñar sistemas comprensibles pero a la vez sofisticados para premiar el talento y el esfuerzo de las personas más brillantes y participativas en la transformación de la empresa.

Sin embargo, una vez más hay que tener presente que una retribución excesiva a todos los empleados que asuman más riesgos y resulten más agresivos con sus ideas también puede crear un círculo vicioso que incentive excesivamente a abandonar las tareas diarias en favor del desarrollo de nuevos proyectos e ideas si no se han establecido unos límites. Los gestores de departamentos y unidades siguen siendo necesarios dentro de la compañía.

En todo caso, las recompensas han de ser generosas para los que consiguen sacar adelante nuevas y disruptivas ideas ya que sólo unas pocas lograrán superar todos los filtros hasta llegar a convertirse en una realidad.

Las recompensas pueden ser económicas, aunque no exclusivamente. Los intraemprendedores pueden valorar obtener mayor responsabilidad, seguir participando directamente en su proyecto o, simplemente, alcanzar visibilidad y reconocimiento. Por ejemplo, en una importante empresa química de referencia internacional implantamos una compensación en especie para el «empleado innovador del año»: una plaza de aparcamiento junto a la del presidente de la compañía. De esta manera, al coincidir por las mañanas, dispondría de unos minutos para explicar al presidente sus nuevas ideas en un formato tipo *elevator pitch*. Esta acción, de coste ínfimo, es muy apreciada por su reconocimiento y visibilidad. No siempre la contraprestación económica resulta la más eficaz.

Formación y entrenamiento

Por último, se convierte en vital para la organización invertir de forma constante en la formación y el entrenamiento de los equipos. La velocidad de los cambios obliga a que toda la empresa recicle constantemente sus conocimientos mediante sólidos planes de formación. En el caso de los intraemprendedores no estamos hablando de actualización de conocimiento sino, la mayoría de las veces, de adquirir y estar en contacto con nuevos conocimientos por primera vez.

Los intraemprendedores deben familiarizarse con nuevas herramientas y metodologías para gestionar y desarrollar proyectos, filtrar ideas o, por ejemplo, saber cómo vender su idea de forma convincente y eficaz, tanto internamente como en el exterior.

La formación también ha de enfocarse a que el equipo directivo entienda la necesidad de la transformación y aprenda a gestionarla mediante la inspiración de los equipos, la detección de los intraemprendedores latentes y la aportación de herramientas específicas.

Los auténticos intraemprendedores son personas hambrientas de conocimiento. Valoran mucho la opción de aprender, por lo que sabrán valorar y corresponder debidamente con una alta fidelidad a las empresas que puedan satisfacer su necesidad de aprender, estar a la última y reciclar sus conocimientos, incluso por encima de la retribución. La formación debe ser continuada, de calidad y atender a las necesidades y demandas de los empleados con alto potencial.

La creación de esta nueva cultura y de todos los sistemas que se pongan en marcha para crear un ecosistema amigable a los intraemprendedores lógicamente tendrá que ser revisada periódicamente y no ejercerá un efecto inmediato traducido a nuestra cuenta de resultados, pero debe ser una apuesta decidida, sostenida y permanente. Por ello, ha de formar parte de un plan coherente con previsión a varios años con la creación de un itinerario por etapas donde recomendamos dejarnos acompañar por expertos externos que aporten una visión fresca y de vanguardia. Es crucial que el enfoque sea de entrenamiento y no de formación clásica, con un formato de talleres *(workshops)* y no de clases o sesiones. En este ámbito nuestra experiencia acompañando a clientes demuestra que es crítico el enfoque «aprender haciendo» *(learn by doing)*, en el que se aprende haciéndolo con tus propias manos, experimentando. Se trata de entrenamientos profundos, que dejan huella y crean hábitos si se hace un seguimiento adecuado a lo largo del tiempo.

CASO SHELL
LA MEDITACIÓN PARA MEJORAR LA INNOVACIÓN.

Mandar Apte es un ingeniero químico que trabajaba para la multinacional de hidrocarburos Shell en el programa GameChanger[2], de incubación de ideas disruptivas en el campo de la energía. En 2012 Peter Voser, CEO de Shell, lanzó a sus empleados el reto de convertir Shell en la empresa de energía más innovadora del mundo para poder afrontar con éxito los cambios en la industria.

Bajo la premisa de que todos los empleados de Shell tenían el potencial para ser creativos e innovadores, Mandar Apte se planteó las siguientes preguntas: ¿Cuáles son los aspectos personales que bloquean nuestra creatividad y la posibilidad de ser más innovadores? ¿Cuáles son los comportamientos y/o las habilidades que necesitamos para vencer este bloqueo?

Descubrió de esta forma que los elementos que bloqueaban a nivel personal la innovación no eran técnicos o de conocimiento, sino de carácter más íntimo y personal.

Los problemas se encontraron básicamente en cuatro niveles:

1. Mental: estrés, percepción de falta de tiempo, ansiedad.
2. Elementos de juicio sociales subjetivos: «Mis ideas no son valoradas porque no le gusto a la gente».
3. Juicios subjetivos realizados sobre uno mismo no considerándose suficientemente preparado, inteligente o con las cualidades necesarias para ser creativo o innovador, es decir, falta de confianza en las propias posibilidades de uno mismo.
4. Miedo al fracaso y aversión al riesgo aprendido por experiencias negativas anteriores.

Así se constató que todos eran problemas de habilidades mentales o sociales y se lanzó el reto a los empleados: ¿Queréis romper con estas barreras que os impiden ser más creativos e innovar? ¿Queréis hacer un cambio?

Mandar había practicado durante más de diez años la meditación como elemento clave para desarrollarse a nivel personal y encontrar la energía precisa para realizar con éxito su trabajo.

Se valió de tres herramientas básicas para crear el programa *Empower:* la ciencia de la respiración, la meditación y la relajación. Con la respiración se pueden controlar las emociones y mediante la meditación conseguimos estar más centrados y tener mejores formas de comunicación, según Mandar. La innovación implica pensar fuera de la caja *(out of the box)* y ambas herramientas pueden contribuir a ello.

Más de dos mil empleados han participado en el programa *Empower* con enorme aceptación y lo consideran de gran valor para la mejora de su calidad de vida tanto personal como para romper las barreras mentales que les impedían ofrecer lo mejor de sí mismos en la compañía.

El ejemplo de Mandar Apte resulta ilustrativo de que en los procesos de emprendimiento corporativo e innovación no hay que olvidar jamás la esfera personal y más íntima de cada uno de nuestros empleados. Las políticas de emprendimiento e innovación se diseñan de forma global para la organización, pero cada persona es un mundo y es siempre a nivel personal donde hay que trabajar más para conseguir motivar a los empleados. Ayudarlos en la esfera individual también repercutirá en crear el clima necesario para el éxito colectivo.

Puede ser discutible o difícil de evaluar si realmente la meditación ayudó a Shell a convertirse en una empresa más innovadora, pero sin duda constituye un ejemplo de éxito de intraemprendimiento de carácter social dentro de una organización.

La gestión del no y la motivación

En el diseño del ecosistema no se tiene muchas veces en cuenta un elemento importante que puede hacer peligrar la armonía creada. Como veremos en la palanca 3, el proceso implica un embudo *(funnel)* donde las ideas y los proyectos son filtrados hasta llegar a seleccionar sólo unos pocos para su implementación en el mercado.

Esta situación provoca que empleados que habían volcado sus esfuerzos e ilusiones en una idea vean cómo en muchas ocasiones se descarta. Los intraemprendedores tienen como una de sus características básicas la tendencia a no aceptar jamás un no por respuesta. Es vital para la credibilidad del sistema establecer mecanismos de filtrado profesionales y vías de comunicación claras y efectivas y anticipar de forma real las posibles fugas de talento.

A diferencia de los emprendedores, los intraemprendedores no tienen un control directo y total sobre su idea ni disponen de la «independencia» económica sobre el proyecto al estar sujetos a la aplicación de recursos por parte de la empresa, por lo que pueden ver peligrar su idea o proyecto en cualquier fase del proceso de filtrado y maduración. La compañía jamás debe tomar decisiones de modo caprichoso o imprevisto y sin sustento en argumentos sólidos.

Hemos podido experimentar en primera persona cómo en ocasiones buenos proyectos en fases avanzadas pueden quedar bloqueados o descartados simplemente porque el principal competidor de la empresa ha sacado al mercado un nuevo producto o servicio y la prioridad deja de ser innovar para convertirse, simplemente, en copiar.

Igualmente, la organización debe transmitir al equipo «fundador» la posibilidad de que en la evolución y el crecimiento de su idea se requiera la participación de nuevos empleados o incluso la cesión y transmisión del proyecto a un nuevo equipo de trabajo. Muchas veces será mejor apartar al equipo que ha trabajado en las fases iniciales del proyecto para permitirle liberar tiempo y volver a explotar sus ideas, su iniciativa y su liderazgo en la búsqueda de nuevos proyectos. El enamoramiento del fundador con su idea y la voluntad de no ceder su gestión a gestores más preparados es un mal común a los emprendedores que las grandes empresas tienen la suerte de poder gestionar mejor gracias a la diversidad de perfiles con los que cuenta.

Las compañías no deben contemplar únicamente cómo tratar las ideas y los proyectos descartados, sino los que terminen en fracaso. El fracaso y el error están absolutamente estigmatizados en las organizaciones y esto supone uno de los principales elementos de bloqueo a la participación e implicación por parte de los empleados en los programas de emprendimiento corporativo. Hemos sido formados y entrenados para no fallar. Evidentemente, la supervivencia de una empresa está basada en el éxito, pero para llegar a él debemos indudablemente haber fracasado muchas veces. La organización ha de ver el fracaso «controlado y bien intencionado» como un elemento positivo siempre que sea fruto de los esfuerzos por transformar la compañía mediante innovaciones disruptivas. Será vital que los empleados pierdan el miedo al fracaso en sus intentos por mejorar.

El mayor miedo ante el fracaso de un proyecto por parte de un empleado es obviamente el despido. De ninguna manera las organizaciones deben contemplarlo como una opción, ya que sentaría un precedente inasumible para el resto de la empresa y, como hemos mencionado anteriormente, las compañías tienen historia y los empleados memoria.

El desafío de los *millennials*

Un reto añadido y pieza clave en la creación de un ecosistema que funcione viene dado por un cambio generacional importante en el perfil de los nuevos empleados. Estamos hablando de los *millennials,* también conocidos como «generación Y», que son todos los nacidos entre 1980 y 2000; una generación —especialmente los más jóvenes— de nativos digitales, que han crecido en contacto con las últimas tecnologías. Se calcula que en 2025-2030 representarán alrededor del 75% de la fuerza laboral global.

El principal desafío que representan los *millennials* son las diferentes expectativas laborales respecto a generaciones anteriores.

El 78%[3] de ellos considera que un factor determinante para decidir en qué organización quieren trabajar es el grado de innovación de esta. El grado y la forma de conciliar la vida personal y laboral también se convierten en un pilar básico de la relación. Los *millennials* valoran mucho su tiempo libre y además son poco leales a los puestos de trabajo. No les asusta el cambio y pueden abandonar rápidamente la empresa si no ven realizadas sus aspiraciones de desarrollar sus habilidades y hacer una contribución positiva a la sociedad. Exigen compañías éticas y con objetivos más allá de los propios resultados.

A nivel práctico, se trata de empleados que han nacido con Internet, conviven con el teléfono móvil o tabletas desde pequeños y están acostumbrados a la conectividad permanente y a la movilidad como un valor importante. No les asusta trabajar desde casa o incluso se sienten más a gusto trabajando con sus propios dispositivos (fenómeno conocido como *Bring Your Own Device* [BYOD], donde el empleado utiliza sus dispositivos personales, ordenador, teléfono o tableta para realizar tareas de la compañía). Por todo ello, los *millennials* también son un elemento transformador para las organizaciones a nivel tecnológico, ya que las que no lo están haciendo deben inmediatamente empezar a adaptar sus sistemas de información para ofrecer herramientas colaborativas, disponibles 24 horas/365 días al año en la nube, y adaptar todo su *hardware* y *software* para dar respuesta a las nuevas exigencias de los empleados del futuro.

Si la organización no consigue adaptarse a este nuevo perfil de empleados, difícilmente podrá atraer y retener el talento de quienes, como ya hemos comentado, dejan de sentirse atraídos por incentivos únicamente monetarios y/o de imagen y solidez de la empresa y comienzan a buscar nuevas cualidades en las empresas donde quieren desarrollar su potencial.

ENTREVISTA:
MARÍA CARDENAL, DIRECTORA DE INNOVACIÓN Y JEFA DE DESARROLLO DE PRODUCTO DE VUELING AIRLINES, S.A.

María Cardenal es la responsable de dirigir y coordinar la innovación y el desarrollo de productos en la aerolínea española Vueling Airlines. Apasionada por el pensamiento creativo *(design thinking)* y su aplicación para la innovación empresarial, nos aporta una perspectiva muy interesante sobre cómo se innova también en sectores altamente competitivos y considerados, por muchos, tradicionales. Vueling Airlines en sí aporta un ejemplo muy interesante de innovación en el modelo de negocio.

Las aerolíneas representan un sector tradicional y consolidado. ¿Existe espacio y margen para la innovación? ¿Cuáles son los principales retos a los que se enfrenta la industria y qué desempeña la innovación en ellos?

En todos los sectores, por tradicionales que parezcan, hay margen para la innovación. En el sector de la aviación la innovación está muy presente. Es cierto que desde la innovación disruptiva que supuso el inicio de la aviación comercial la mayoría de las innovaciones han sido de tipo incremental (en procesos, en comercialización, en servicios, en eficiencia, etc.), pero la siguiente innovación disruptiva llegó al sector en forma de innovación en modelo de negocio: las aerolíneas de bajo coste *(low cost)*. La aparición de este modelo cambió para siempre el mapa competitivo de la aviación comercial al provocar un cambio de liderazgo y forzar a las compañías tradicionales a adaptarse para seguir compitiendo.

Los retos a los que se enfrenta esta industria son muchos: legislación y regulación, relaciones internacionales, sistemas de la información, saturación de ciertos aeropuertos o espacios aéreos, capacidad ofertada, transformación digital, nuevas necesidades de nuestros clientes… y podría seguir. A todo esto hay que añadir un entorno competitivo muy exigente. La innovación tiene un papel fundamental para ayudarnos a enfrentarnos a estos retos. Vemos la innovación como una estrategia competitiva y de diferenciación.

¿Cómo estructura Vueling los procesos de innovación dentro de la compañía? ¿Quién participa en ellos y de qué recursos se dispone?

La innovación en Vueling forma parte de su ADN y está presente en nuestra cultura, en cómo comunicamos y en cómo nos relacionamos con el entorno. La innovación está distribuida a lo largo y ancho de toda la organización y puede surgir en cualquier sitio. Dicho esto, tenemos mecanismos que se orientan a fomentar e impulsar proyectos innovadores. Participan en ellos las personas clave de las áreas implicadas en el proyecto en primera instancia y en segunda sus equipos, por lo que prácticamente todo el mundo puede estar involucrado de un modo u otro en un proyecto de innovación. Y, por supuesto, participa el Comité de Dirección. La implicación de la alta dirección en cualquier empresa es fundamental para eliminar las barreras que puedan surgir a la innovación y Vueling no es una excepción.

¿Está la filosofía *low cost* reñida con la innovación? ¿Cree que todas las empresas deben considerar esta última una prioridad para su supervivencia? ¿Por qué?

No está reñida, todo lo contrario; creo que las empresas *low cost* son en sí mismas un gran ejemplo de innovación. Han sabido romper con lo establecido y cambiar el modelo de negocio dentro de su industria. Una *low cost* se crea innovando en procesos, en productos y en estrategias de comercialización. Y, efectivamente, la innovación es para cualquier compañía de este tipo su herramienta para hacerse más competitiva en el mercado en el que ha irrumpido.

Innovar no es una opción; es vital para cualquier empresa. La innovación es necesaria porque existe el cambio. Si los mercados fueran estables, si los consumidores no cambiaran en sus gustos, si la tecnología no avanzara, si los competidores no sacaran nuevos productos... entonces la innovación no sería una prioridad. Es más, como la velocidad con la que se producen cambios en el entorno de la empresa se ha incrementado, también debe hacerlo la importancia de la innovación y ha de dársele mayor prioridad. Innovar es una manera de mantener a tu empresa competitiva en el tiempo.

¿Puede aprender algo una gran empresa de las empresas emergentes y de sus métodos para mejorar sus procesos de innovación? ¿El mayor tamaño de una gran empresa juega en contra de la innovación? En caso afirmativo, ¿cómo puede compensarlo?

Hay que tener mucho cuidado con querer implementar mecanismos que funcionan en un tipo de empresa en otra distinta. No existen fórmulas; cada empresa, cada entorno y cada momento del proceso de cambio son distintos.

El tamaño de la empresa no tiene que ser ni positivo ni negativo para la innovación. Lo que sí que hay que tener en cuenta es que los mecanismos para trabajarla han de ser distintos, pero también influyen otros aspectos que para mí son mucho más definitivos, como la cultura de la empresa y sus personas o el mercado en el que operan.

La mayor dificultad que te encuentras trabajando con la innovación es que resulta compleja de gestionar. ¿Por qué? Porque se trabaja con incertidumbre, ese es su ingrediente fundamental, y no entender esto supone un error que cometen muchas empresas, sobre todo las grandes, donde todos sus procesos están orientados a eliminar la incertidumbre. Para gestionar bien la innovación hay que aceptar y adaptarse a trabajar con un alto grado de incertidumbre.

¿Cómo consigue Vueling generar nuevas ideas y qué metodología utiliza para filtrarlas?

Me gustaría aclarar que la innovación no consiste en la generación de ideas. Esto es un error muy típico que cometen las empresas que quieren empezar a ser innovadoras. La innovación no se trata de ideas, sino de generación de valor, de implementación y de comercialización, de modelo de negocio y de estrategia competitiva. La generación de ideas es parte del proceso de innovación, no el origen o el fin.

Dicho esto, en Vueling generamos ideas de varias formas. Mi equipo está dedicado a detectar y analizar oportunidades que surgen del exterior, del propio equipo o de cualquier persona en la organización. Como decía al principio, la innovación forma parte de nuestra cultura y surge espontáneamente de cualquier área. Los criterios de filtro son el valor generado, el *time to market* —tiempo que tarda un producto o servicio desde que es concebido hasta que se lanza al mercado—, el coste recurrente y el posicionamiento competitivo.

Además, existe un comité donde se presentan ideas que ya han pasado un primer filtro. Este comité es además el encargado de priorizar o asignar recursos. Puntualmente se han llevado a cabo actividades enfocadas a la recogida de nuevas ideas, pero estas actividades tienen un objetivo de comunicación y motivación más que de recogida de ideas.

¿Ha incorporado Vueling los principios de la innovación abierta? ¿Se innova también en colaboración con entidades externas? ¿De qué forma?

Sí, se trata de un buen mecanismo si no dispones o no quieres disponer de muchos recursos. Frente a la I+D (investigación y desarrollo), que requiere muchos recursos y tiempo, practicamos la C+D (colaboración y desarrollo), que ahorra recursos y mejora mucho el *time to market*. Es un mecanismo muy interesante porque se basa en la colaboración: la suma de fuerzas genera una fuerza mayor o permite ofrecer algo que cada una de las partes de forma independiente no puede ofrecer. Eso sí, la regla de oro es que ha de generar valor para ambas partes para que sea sostenible.

¿Cuáles son las principales dificultades que se encuentran para «vender» internamente un nuevo proyecto innovador y conseguir recursos para realizarlo?

Las dificultades tienen que ver con la disponibilidad de recursos y la competencia de dichos recursos con el resto de proyectos necesarios.

¿Existen recompensas establecidas para los empleados más innovadores o que han participado o promovido directamente un proyecto innovador dentro de la compañía?

No de forma formal. La recompensa suele ser la participación en el proyecto. Puntualmente se han utilizado otras recompensas en forma de formación. Como decía al principio, la innovación forma parte de nuestra cultura y, si trabajas en Vueling, se espera de ti que aportes tu granito de arena innovador.

¿Cómo mide Vueling el impacto de la innovación en la empresa? ¿Existen métricas más allá del ROI?

La innovación se mide en valor generado para el negocio y para nuestros clientes. El valor generado para el negocio se refleja en el ROI, pero también en otros indicadores de generación de ingresos, de ahorro de costes, de incremento del valor de la empresa en el mercado o de la mejora de su posicionamiento competitivo. Y el valor para nuestros clientes lo medimos en términos de NPS o nivel de recomendación. Hay otros indicadores además del ROI, pero es cierto que este es el que se usa normalmente para comparar resultados o competir por recursos.

Conclusiones

El ecosistema intraemprendedor crea un hábitat idóneo para desarrollar la innovación impulsada por los más inquietos y dinámicos. Es importante entender de dónde partimos y la historia que nos ha llevado aquí para que podamos ir transformando nuestra cultura de forma gradual.

Cualquier acción, por pequeña que sea, que inyecte energía y vitalidad en la organización y promueva un cambio de actitud es bienvenida. Estaremos mandando un mensaje implícito de voluntad de cambio. La energía se puede medir y existen herramientas para crear mapas organizativos de energía. No hay una única tecla que de la noche a la mañana solucione todos los problemas de un entorno caduco, reactivo y prácticamente obsoleto; será la suma de pequeños factores lo que influirá positivamente en la consecución de nuestro objetivo.

Debemos crear sistemas organizativos que aporten dinamismo y rapidez, sin importar el departamento o el nivel jerárquico, con el fin común de impulsar proyectos intraemprendedores de forma eficaz, mecánica y rápida. Además, será necesario derribar las barreras existentes a la innovación, abrir las puertas al talento emprendedor, detectar el potencial latente en los equipos actuales, establecer planes de formación y de retribución, así como crear el ambiente y los espacios para vivir y sentir el espíritu emprendedor.

PALANCA 3
LA CAPTACIÓN Y EL FILTRADO

CON ESTA PALANCA SE CONSIGUE:

- Implantar una metodología y definir un itinerario para pasar de la generación de ideas al diseño de proyectos ganadores.

- Profesionalizar la gestión de las ideas y desarrollar un sistema transparente, fácil de entender y ágil de evaluar para filtrar y seleccionar proyectos de forma sistemática.

- Entender que no toda «idea» de negocio es una «oportunidad» de negocio.

- Justificar el «no» y gestionar a los «perdedores» ante el fracaso.

«Detecta las ideas que son verdaderas oportunidades de negocio».

Cuadro P3.1 Palanca 3: captación y filtrado

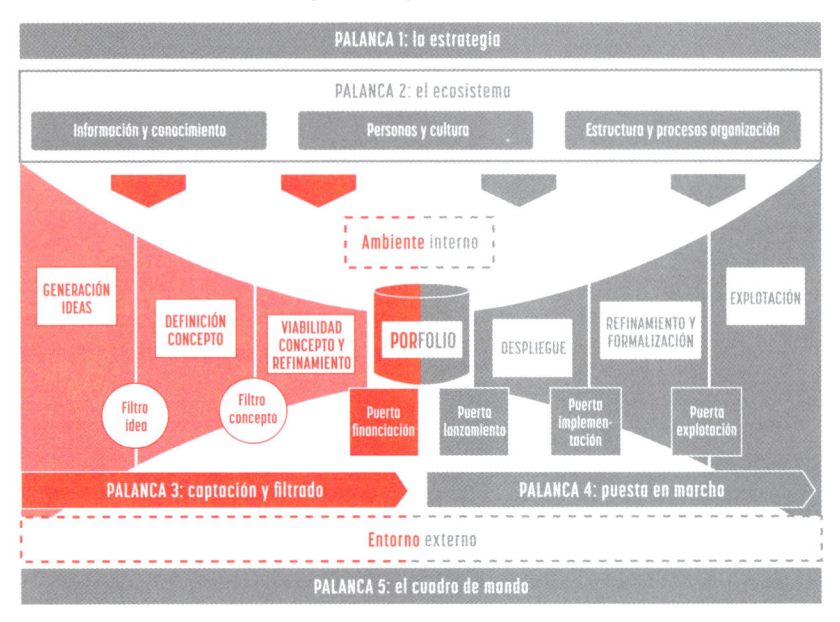

Instaurar un proceso muchas veces se entiende como un corsé a la creatividad, claramente inapropiado para actividades de innovación con un alto nivel de incertidumbre que requieren flexibilidad. Esta es la posición habitual de muchos directivos y miembros de consejos de administración cuando la compañía está empezando a adoptar prácticas de emprendimiento corporativo o de innovación y aún dispone de pocas capacidades.

Nuestra dilatada experiencia asesorando a organizaciones nos dice que resulta fundamental adoptar estos procedimientos entendiendo que es muy diferente a la planificación clásica de las empresas multinacionales o de carácter más tradicional. En este tipo de iniciativas resulta imposible anticipar los obstáculos porque el plan nunca se cumple y el presupuesto tampoco, por lo que resulta vital tener la habilidad de aprender, reorientar y a veces «pivotar» para repensar y cambiar totalmente el proyecto.

Es crítico fijar el alcance del programa y, por tanto, definir muy bien quién va a participar y el porqué. La gran mayoría de programas son totalmente democráticos, por lo que se invita de forma indiscriminada a todos los miembros de la organización. Aquí no entran en juego elementos como la jerarquía o el nivel de responsabilidad; todos tienen las mismas oportunidades de emprender, innovar, aprender y vivir esta experiencia. En muchas empresas tradicionales con muchos niveles jerárquicos esto abre un itinerario paralelo sin precedentes para poder cambiar, vivir, hacerse ver, obtener reconocimiento y triunfar en el seno de la compañía.

Nuestro itinerario instaura disciplina pero tiene mucho margen de cambio y total flexibilidad porque el error nos permite aprender y en el fallo es donde precisamente podemos detectar el nuevo camino. Hay que probar y, si hay que fallar, mejor hacerlo cuanto antes. Y todo esto se debe dejar muy claro a la hora de comunicarlo porque se trata de nuevas y revolucionarias reglas en entornos tradicionales o de multinacional, donde rigen criterios de prudencia y el poder se asocia a los ingresos y a la escalabilidad. En este ámbito hemos de estar preparados para experimentar, apostar, fallar, aprender y reaccionar. Comunicarlo y adoptarlo como hábito en el tiempo son factores clave de éxito.

Resulta fundamental que el proceso de innovación se adapte a cada organización, ya que en su concepción chocan posturas difíciles de encajar: por un lado, los intraemprendedores demandan de la organización sistemas, metodologías, recursos, formación y apoyo que les ayuden a ejecutar el proyecto; por otro, ansían un sistema flexible que les otorgue la libertad suficiente para no ver controlados sus planes de forma excesiva.

El sistema debe estar bien diseñado para no eliminar buenas ideas en fases precoces, donde tal vez no estén lo suficientemente bien formuladas y sean más vulnerables, pero a la vez no ha de permitir que las malas ideas avancen demasiado en el proceso y consuman recursos inútilmente.

El proceso (itinerario) y sus fases, con sus filtros e indicadores, desempeñan también un papel muy importante en la integración de la actividad intraemprendedora en la empresa. Posibilita informar de manera estructurada, evaluar el progreso y establecer una lógica y un orden. Los órganos de la compañía tienen que asumir que este sistema de procesos no aporta respuestas ni dicta próximos pasos; se confía plenamente en el equipo promotor, que debe estar orientado a resultados y a la acción y no tanto al análisis y la planificación. De todas maneras, es primordial para garantizar el acceso a los recursos de la compañía contar con el apoyo de directivos experimentados y dispuestos a «ensuciarse» en el terreno aportando consejo en forma de *coaching* y que tengan capacidad para intervenir y así asegurar la integración de la iniciativa intraemprendedora en la organización.

Cómo nacen las buenas ideas

Existe cierta mitificación sobre el surgimiento y desarrollo de las buenas ideas, si bien no hay una ciencia exacta. La mejor idea puede surgir en el momento más inesperado: mientras soñamos, cuando tomamos un café, en una conversación, cuando alguien nos está contando una cosa; en definitiva, de forma totalmente imprevista.

Sin embargo, la empresa no puede esperar que estas ideas surjan sin más en el momento menos esperado, sino que debe fomentar y potenciar su generación y, cómo veremos a continuación, para ello hay que dotarla de herramientas.

Disponer de un gran número de ideas se presenta como un factor clave para alimentar el sistema, para dar un sentido a todas las fases posteriores y obtener así buenos resultados. La gran mayoría de representaciones gráficas del proceso de innovación utiliza el embudo de conversión para explicar el proceso de filtrado de las ideas. Todas estas representaciones gráficas dan por supuesto que dispondremos de un gran número de ideas (parte más ancha del gráfico) que nutrirán nuestro embudo y nos permitirán establecer nuestro proceso de filtrado y selección pero lograr este gran número de ideas en muchas ocasiones no es tarea fácil y para ello resulta fundamental establecer un principio básico y universal para toda compañía: «No existen las malas ideas».

Todos conocemos y hemos vivido la frustración de explicar una idea, sea en el ámbito personal o profesional, y comprobar cómo siempre aparece alguien que está dispuesto a calificarla de mala y descartarla automáticamente. Este es un defecto que se ha de corregir inmediatamente, pues especialmente en las grandes organizaciones existen infinidad de cargos intermedios y directivos que ven cualquier idea o innovación, por pequeña que sea o aunque afecte a un simple proceso, como una injerencia y una amenaza. Lo único que conseguiremos con esto será inhibir a nuestros empleados a compartir las ideas con el resto de la empresa.

Por ello es vital establecer como principio que, de entrada, todas las ideas son válidas y será únicamente un sistema riguroso y científico el que establecerá un filtro entendible por todos para determinar las más válidas para la compañía y las merecedoras de avanzar en el proceso de selección.

En nuestra actividad como docentes y conferenciantes hemos experimentado muchas veces con nuestros alumnos y oyentes al formular una pregunta aparentemente simple: ¿qué es una buena idea? Si hacéis este ejercicio dentro de vuestra organización, os daréis cuenta de la infinidad de respuestas diversas que pueden surgir y de la originalidad de alguna. Así, aunque puede ser cuestión de segundos calificar una idea de mala, no disponemos de una definición clara y uniforme sobre qué es realmente una buena idea.

La gran mayoría de empresas no dispone de un proceso claramente establecido para evaluar con rigurosidad si una idea de negocio supone verdaderamente una oportunidad de negocio. Con la captación y el filtrado crearemos una herramienta para descubrir ideas y después poder seleccionar las más atractivas.

Basándonos en nuestro trabajo en diferentes proyectos de innovación, consideramos que, en general, las ideas deberían satisfacer en todo caso las necesidades de un potencial consumidor, las de la compañía y las necesidades o inquietudes del intraemprendedor. La combinación de estos tres requerimientos puede representar un buen cimiento para pensar que la idea encajará dentro de la estrategia de la organización.

Pero no hay que olvidar que el enfoque no es siempre hacia el consumidor o el cliente final; pueden llegar ideas que se centren, por ejemplo, en mejoras de procesos internos. Debemos definir claramente su alcance y establecer las fronteras y los ámbitos de nuestro proceso de innovación. Muchas veces se fijan en forma de retos específicos a los que planteamos dar respuesta con nuestro mecanismo de intraemprendimiento. Lo indudable es que tenemos que ser capaces de ejecutarlo con éxito y materializar el impacto (y, según el caso, también monetizarlo).

CASO
EL ITINERARIO: LOS PRIMEROS PASOS, EVOLUCIÓN E INTENSIDAD DE UNA IDEA DE NEGOCIO.

A modo ilustrativo y de sugerencia, a continuación mostramos un ejemplo de embudo *(funnel)* que nos permite ilustrar los filtros por los que pasa y evoluciona una idea de negocio. Aunque el itinerario debe ser adaptado a cada caso, se trata de un modelo genérico basado en nuestra dilatada experiencia trabajando con compañías de múltiples sectores.

Algunos puntos clave son:

1. Personalizar el «itinerario de innovación» para nuestra empresa (número de etapas, calendario, filtros o puertas *[gates]* y requerimientos que hay que completar en cada etapa) en función de la naturaleza del negocio (y sus proyectos) y de la cultura organizacional, todo ello en consenso con la dirección.

2. Permitir identificar oportunidades, filtrar, impulsar y hacer llegar al mercado los proyectos maximizando su probabilidad de éxito.

3. Es tan importante la primera parte del embudo (palanca 3), como la segunda, la puesta en marcha (palanca 4). Olvidar esta última parte supone un error muy común. La innovación empieza con una obsesión por generar ideas, cuando en realidad el mayor reto consiste en ejecutarlas con éxito impactando en la cuenta de resultados. Disponer de ideas no es innovar. Basándonos en nuestra experiencia, existe en las organizaciones un claro desequilibrio en los recursos destinados a cada área, pues resultan mucho mayores en la generación y el filtrado de ideas que en su ejecución.

Generando ideas

Esta es la etapa creativa en la que se generan o identifican nuevas ideas y/u oportunidades. Recomendamos abrirla al máximo porque, indudablemente, cuantas más ideas entren, mejores proyectos obtendremos. Eso sí, debemos estructurarlas de manera homogénea para que nos permitan una evaluación comparativa.

Las nuevas ideas pueden provenir del entorno interno de la empresa (empleados) o del externo (red de captación). En las fases iniciales normalmente el proceso comienza internamente aprovechando el potencial y el conocimiento de nuestros equipos. Se pueden generar de forma espontánea o ser el resultado de tareas coordinadas para fomentarlas mediante, por ejemplo, talleres, sesiones de lluvia de ideas *(brainstorming)* o redes de captación.

El objetivo de esta etapa es proactivo: proporcionar las semillas y el fertilizante para hacer crecer las nuevas ideas, cosecharlas y poder superar el filtro para pasar a la siguiente etapa.

En las fases posteriores se potencia el proceso al abrirse al exterior, permeabilizando este proceso de innovación (embudo) en todas sus etapas. Se pueden captar ideas o proyectos más desarrollados de manera reactiva o mucho más proactiva. En esto radica la base de la innovación abierta del profesor Henry Chesbrough[1], basada en la filosofía de acelerar la innovación compartiendo recursos y captando valor del entorno. El hábitat evoluciona más rápido que la mayoría de las empresas; el mejor talento y las ideas más potentes están fuera de nuestro edificio corporativo. Aprender y habilitar mecanismos para abrir, compartir y colaborar constituye una de las claves para evolucionar más rápido y ganar competitividad.

En esta apertura al exterior no están implicadas únicamente las empresas emergentes, sino también otros agentes de la sociedad, como proveedores, universidades, mentores o consultores, organismos públicos y expertos en innovación que pueden aportar, complementar y/o enriquecer las ideas internas.

También será interesante, especialmente para compañías de cierta dimensión, considerar esta apertura al exterior una oportunidad no únicamente de colaboración con el entorno más cercano, sino de forma global. Las ideas y el talento pueden encontrarse en cualquier parte del planeta, por lo que hay que tener una perspectiva global y establecer mecanismos que nos permitan la colaboración con agentes que pueden no encontrarse geográficamente próximos para poder aprovechar todo el potencial existente.

Las técnicas del pensamiento creativo *(design thinking)* también ayudan a desarrollar productos y servicios de forma rápida colocando al usuario en el centro del diseño. Mediante la observación directa del comportamiento del cliente podemos detectar problemas o necesidades que permiten diseñar soluciones innovadoras. Esto da lugar a la creación de prototipos que posibilitan interactuar con el cliente y obtener *feedback* inmediato. Se trata de procesos participativos en los que aprendemos a tener empatía con el cliente al adoptar su punto de vista.

Proceso para el tratamiento de las ideas

A continuación mostramos las diferentes etapas de un proceso de tratamiento de ideas basándonos en nuestra experiencia:

1. Recopilar, categorizar y presentar información

Recopilar las ideas y completarlas con información es muy importante para una eficiente y eficaz identificación, captura y clasificación. Puede actuar además como un estímulo para generar nuevas ideas.

Acciones: recopilar información útil sobre:

- Los problemas actuales o áreas problemáticas del negocio.
- Competencia.
- Clientes y mercados.
- Tecnologías existentes y nuevas tecnologías.
- Estrategias y objetivos de la empresa.
- Nuevas tendencias (cazatendencias [*coolhunters*]).

2. Generar y recoger ideas

Paralelamente las ideas también pueden generarse a través de actividades internas que promuevan de forma activa la creación de innovación en la organización.

Es muy importante que los participantes en estas sesiones tengan previamente a su alcance toda la información necesaria para optimizar las reuniones. Resulta utópico crear actividades donde la compañía pretenda que los empleados generen ideas «en frío», sin una preparación anterior ni la información adecuada que les permita producir ideas sobre un tema en concreto. Será una pérdida de tiempo. Hay que abrir la mente de los empleados.

En concreto, se debe facilitar información sobre el conjunto de la organización, operativa, cadena de suministros, tendencias de consumo, perspectivas de futuro global, competencia, productos y servicios, clientes y proveedores. En ocasiones también será recomendable especificar los objetivos concretos de la actividad con unos días de antelación para que los empleados puedan no sólo documentarse, sino empezar a pensar en ideas que posteriormente podrán compartir en las sesiones.

Esta documentación recogida y entregada antes de las sesiones a los asistentes posibilita pensar en un sentido más racional y real y generar aportaciones de más valor, así como soluciones más eficaces a los problemas y las metodologías actuales.

Acciones: generar ideas a través de talleres de equipo, que pueden incluir las técnicas que se detallan a continuación (mencionamos sólo algunas de las principales). Es básico para su buen funcionamiento que las sesiones las dirijan expertos en conducir este tipo de acciones que puedan moderar, coordinar y supervisar al grupo para obtener los mejores resultados:

- **Sesiones de lluvia de ideas *(brainstorming):*** quizás sea una de las herramientas más conocidas por todos. Se utiliza para trabajar en grupo para conseguir ideas sobre un problema o planteamiento muy concreto. Se busca promover la participación libre, sin juicios, buscando un efecto multiplicador para obtener el mayor número posible de ideas. No hay que caer en los clásicos errores de pensar que la lluvia de ideas es una acción sin reglas; por el contrario, resulta indispensable fijar los límites y focalizar en un tema para no dispersarse.

- **Mapa conceptual *(Mind mapping):*** es una representación gráfica donde, partiendo de una idea central, se van añadiendo ramificaciones (ideas, conceptos y palabras clave) que, mediante asociaciones, permite generar nuevas ideas. Es una forma estructurada de presentar la información.

- **Caja morfológica:** constituye una herramienta para intentar resolver problemas mediante la descomposición y el análisis de todas sus partes realizando una lista de sus atributos y combinándolos.

- **SCAMPER** (siglas que corresponden a Sustituir, Combinar, Adaptar, Modificar, Poner en otros usos, Eliminar y Reacomodar): se utiliza principalmente para mejorar un producto o servicio ya existente.

- **Guión interactivo** *(storyboarding):* es una técnica de representación gráfica que simula unas viñetas y un guion, una historia. Sirve para tener una visión global de una idea mediante una secuencia que se intenta construir al combinar las viñetas.

- **Sinéctica** *(synectics):* se trata de una técnica utilizada para buscar nexos de unión entre ideas o conceptos aparentemente inconexos y totalmente distintos. Con ella se pueden buscar nuevos enfoques para resolver problemas.

- **Psicodrama** *(role playing):* es una técnica grupal que consiste en la representación escénica de un problema mediante diferentes roles de los participantes/espectadores. Cada participante asume un rol y después de la representación se debaten idea y conclusiones.

- **Pensamiento opuesto** *(reverse thinking):* en lugar de seguir la dirección racional y lógica para afrontar un reto, se busca hacer justamente lo contrario, pues al pensar de forma opuesta se desencadenan ideas alrededor de estas nuevas situaciones.

Es muy importante documentar en cada actividad la información necesaria y la operativa de funcionamiento de la sesión, así como el acta y las conclusiones.

Existen otras muchas opciones y técnicas para la generación de ideas. La empresa debe considerar cuál es la que mejor se adapta a las finalidades que persigue y también en función del perfil de asistentes.

3. Capturar ideas

Con independencia de la fuente de creación de la idea, resulta fundamental definir el marco en el que se ha generado y gestado. Ha de ser comunicada claramente a los demás para seguir desarrollándola en un concepto. Partiendo de una primera idea, una vez compartida, será normal que desencadene una espiral de nuevas ideas o pequeñas modificaciones para mejorarla. Entraremos en un círculo de creatividad que puede terminar desencadenando una idea incluso completamente distinta a la original. Existe un perfil de profesionales que no destaca especialmente por generar nuevas ideas pero puede revelarse el mejor para desarrollar, perfeccionar o mejorar partiendo de una primera idea base.

Acciones: conceptualizar y enmarcar la idea.

De este modo se facilita que la idea siga el curso del ciclo con la comprensión y participación externa. A su vez, si se descarta, puede ser archivada en un contexto y reactivarse en un futuro más acorde.

4. Filtrar

Hay que desarrollar cuidadosamente un mapa de criterios de filtrado. Es clave desarrollar nuevas ideas y convertirlas en conceptos para luego evaluar su viabilidad. Por ello debemos filtrar inteligentemente, generando índices y criterios razonados y con objetivos para evitar desechar recursos y a la vez buenas ideas. En el presente capítulo se desarrolla un listado genérico de aspectos que nos permitirán evaluar las ideas con precisión.

Identificar las oportunidades

Superados los filtros correspondientes, en esta etapa daremos acceso a las ideas de negocio que representen oportunidades para nuestra compañía. En esta etapa, de nuevo, debemos exigir una estructura y una información mínimas relativas a un grado más de madurez del proyecto.

A continuación podemos analizar las diferentes etapas del tratamiento de las oportunidades:

1. Desarrollar el concepto/la oportunidad

El objetivo de esta etapa es transformar nuestra idea en un concepto viable. Un concepto también puede desarrollarse a partir de la combinación de diferentes ideas.

Acción: generar conceptos identificables y clasificables.

2. Incubar y redefinir las oportunidades

Una vez definido, debe proporcionarse algún tiempo para compartir el concepto con diferentes personas: incubar y tal vez perfeccionar algunas de las ideas.

Acción: crear un sistema de incubación interna con sesiones programadas en un tiempo óptimo de maduración.

3. Filtrar las oportunidades

Al final de esta etapa se produce otro proceso de filtro para seleccionar los conceptos más prometedores y que requieren una evaluación adicional para determinar su viabilidad.

Acción: diseñar otro filtro más exigente basándose en las dimensiones de evaluación escogidas.

Convertir oportunidades en proyectos

Para acceder a esta categoría las oportunidades deberán convertirse en proyectos. Hemos de definir los fundamentos de su funcionamiento explicando cómo va a generar y proporcionar valor. Podemos utilizar herramientas como el lienzo de modelo de negocio *(Business Model Canvas)*[2], que permite establecer unos mínimos de información y detalle (nueve bloques de información) enmarcados en una sola página. Este modelo supone una herramienta gráfica muy útil que describe la propuesta de valor de una empresa, un producto o un proyecto relacionando los recursos y las actividades, así como el modelo de ingresos y costes.

En esta etapa recomendamos realizar dos validaciones con un mínimo de clientes que permita confirmar la oportunidad de negocio. En nuestros acompañamientos a clientes proporcionamos unas plantillas personalizadas a medida de cada compañía donde recogemos la información esencial de las validaciones. Lo configuramos en forma de retos:

- **Reto 1: validar que existe el problema o la necesidad**

    En esta etapa el objetivo no es vender, sino aprender del cliente. Debemos validar que existe la necesidad o el problema intentando crear un entorno de confianza. El número de clientes mínimos con los que interactuar se ha de establecer en función de la naturaleza del negocio. Cabe recordar aquí que tenemos que buscar verdaderos clientes potenciales y no amigos, conocidos o compañeros de la organización. No forcemos obtener una respuesta positiva; debemos ser neutrales y formular muy bien las preguntas para no hacernos trampas a nosotros mismos. Podemos estructurar en una tabla la información que recabaremos de cada cliente. Este es un ejemplo de la información relevante:

    - ¿Quién es el decisor?

    - ¿Tiene un presupuesto?

    - ¿Es consciente del problema o de la necesidad y de las soluciones potenciales?

    - Si es consciente, ¿conoce los atributos de la oferta actual? ¿Cuáles son clave para decidir?

    - El problema o la necesidad, ¿cómo encaja en su jerarquía de prioridades?

    - ¿Quién está implicado en el proceso de compra?

- ¿Qué indicadores justifican la existencia del «dolor» del cliente?

- ¿Cuál es el presupuesto disponible para su competencia o producto sustitutivo?

- **Reto 2: validar la solución (producto o servicio)**

    En esta etapa validaremos la propuesta de valor, por lo que ya requerimos un discurso comercial. Debemos abordar a clientes con los que no hayamos interactuado en etapas anteriores; se puede incorporar también el canal de comercialización. Resulta de gran ayuda en esta etapa una descripción, un piloto o un modelo para mostrarlo. No olvidemos que también podemos contrastar precios y el «producto ampliado» en interacciones con el cliente más avanzadas.

    Hemos de tener en cuenta que el cliente puede ser externo o interno en la compañía y que siempre debemos realizar validaciones en el terreno. No hay mejor guía que la voz del cliente; tenemos que evitar dejarnos llevar por la ilusión y el «enamoramiento» propio del promotor o padre del proyecto.

    Es clave realizar las validaciones mediante la creación de un prototipo o modelo e intentar venderlo de verdad simulando que el producto o servicio está acabado. Debemos ir más allá de la encuesta o conversación clásica porque la principal causa de fracaso es siempre la insuficiencia comercial. Hay una diferencia sustancial si preguntamos «¿usted compraría este producto imaginario?» o «una vez visto el producto y el precio, ¿lo compra? ¿Cuántas unidades quiere? ¿Cuándo se lo sirvo?».

    Es mucho mejor y especialmente más económico hacer una prueba en esta fase y fallar que no cuando ya se ha avanzado en el desarrollo. En esta fase se producen espirales iterativas entre el refinamiento del concepto y una nueva evaluación. Cuanto más validado esté nuestro proyecto, mayor probabilidad de éxito y menor riesgo, con lo que aumentamos las probabilidades de aprobación para saltar a la siguiente etapa y obtener recursos para seguir adelante. De todas maneras, deberemos establecer unos requerimientos mínimos de validación para todos los proyectos en esta etapa.

Estas validaciones siguen la metodología de Eric Ries[3], quien afirma que debemos «salir del edificio» para hablar con nuestros clientes cuanto antes en el proceso de desarrollo de nuestras ideas de negocio. Es el cliente quien siempre ha de guiar todas nuestras acciones y nuestros esfuerzos; tenemos que asegurarnos de no caer en el error clásico de diseñar un producto o servicio espléndido que nadie compra. En un entorno multinacional esto se agrava al incrementarse muchas veces las dotaciones de presupuesto para madurar el proyecto. Adoptar estas metodologías puede ahorrar tiempo y recursos muy valiosos.

Configurar las iniciativas empresariales

En este modelo de embudo esta es la etapa final, a la que sólo llegan los proyectos que han obtenido un mínimo de validación en el mercado. Cada organización exigirá unos requerimientos a sus proyectos para llegar a esta fase, previa a la siguiente palanca. Recomendamos, por ejemplo, que ya se disponga de una primera aproximación financiera. Aquí se facilita a los participantes una plantilla donde se pueden visualizar rendimientos económicos, puntos de equilibrio, naturaleza de los costes, así como otros indicadores clave. Se trata de grandes números pero aportan información general y grandes magnitudes para hacerse una idea.

En esta etapa suele participar la dirección general porque aquí se configura la cartera de iniciativas empresariales a partir de la cual decidiremos por cuáles apostar. Es a partir de este punto donde el proyecto requerirá mayor inversión en tiempo y dinero para iniciar su camino hacia el mercado, como veremos en la palanca 4, puesta en marcha.

HERRAMIENTAS CLAVE
HACKATHON, UN ENFOQUE DISTINTO.

Un claro ejemplo de cómo los procesos de innovación pueden ser muy distintos dependiendo del sector o de la empresa es el llamado *«hackathon»*, que nace de la combinación de las palabras *hacker* y maratón. Se trata de sesiones que se celebran entre un grupo de personas para desarrollar un proyecto (frecuentemente tecnológico y que implica un desarrollo/una programación) en un tiempo definido, normalmente muy corto. Es una forma de pasar de la idea a un prototipo *(demo)* en un cortísimo espacio de tiempo (un día o escasas semanas).

El uso del *hackathon* como elemento para innovar está muy asociado a empresas como Facebook, por ejemplo, aunque se ha ido extendiendo a otros sectores más tradicionales (en España se ha utilizado en banca y energía). Los *hackathon* pueden ser cerrados (sólo para empleados de la empresa) o abiertos, donde se invita a equipos de programadores a participar o se celebra en universidades (innovación abierta).

El sistema de *hackathon* de Facebook tiene sus orígenes en las propias raíces de la empresa y es una forma de mantener su espíritu original. Cuando Facebook constituía aún una empresa emergente, era habitual que los programadores decidiesen pasar noches enteras programando para desarrollar mejoras o nuevas ideas. Poco a poco este sistema se convirtió en una manera de colaborar y desarrollar las ideas más rápidamente. Era habitual que alguien que tenía una idea solicitase ayuda a otros compañeros que quisieran hacer un maratón de programación para sacar adelante un proyecto. De este modo se juntaba talento transversal en un entorno más informal pero con mucha presión autoimpuesta y que normalmente daba buenos resultados.

A medida que la empresa creció, los *hackathon* fueron adaptándose, pero no se olvidaron. Cualquiera puede proponerlos pero se han desarrollado herramientas colaborativas para poder informar a todos los empleados, hacer una lluvia de ideas previa y/o recopilar información antes de su realización. Se ha fomentado también la competición entre equipos. Una vez finalizado el *hackathon,* los equipos disponen de una o dos semanas para refinar la idea y preparar una presentación y un prototipo. Se celebra un foro donde se presentan en rondas de dos minutos para convencer a la organización de su implementación. Elementos como el botón «me gusta», la «línea de tiempo» o cronología *(timeline)* o el vídeo dentro de Facebook surgieron de estos eventos. El *hackathon* se ha convertido en un sello de identidad de la innovación dentro de Facebook.

Como hemos mencionado anteriormente, existen ejemplos más tradicionales, como el de Endesa, que dispone de una plataforma, Endesa Energy Challenges[4], para fomentar la innovación abierta. A través de ella ha realizado diversos *hackathon* con éxito y lanza retos abiertos a toda la comunidad global.

Filtrar y seleccionar las ideas de negocio

En los saltos entre las diferentes etapas del circuito (embudo) estableceremos filtros para validar los elementos clave esenciales a la vez que impulsamos su desarrollo y maduración. No toda idea de negocio es una oportunidad de negocio. Debemos tener los mecanismos para detectar los proyectos de mayor potencial y establecer los requerimientos mínimos para acceder a cada etapa ofreciendo las herramientas y el soporte para que evolucionen.

También será muy importante definir los organismos y las personas que participan en cada una de las etapas y los filtros. A veces pueden ser mecanismos democráticos (los miembros de la propia empresa votan los mejores proyectos) o en grupo (se crea un comité con personas en posiciones clave). Basándonos en nuestra experiencia, recomendamos evitar en todo lo posible que esta tarea pueda recaer en una única persona.

Resulta fundamental establecer sistemas objetivos y neutrales donde podamos aceptar proyectos, pero aún más relevante es poder decir «no» con fundamento. No es fácil decir a una persona o a un equipo que ha diseñado una solución con todo su ánimo e ilusión que hemos decidido «matar» su proyecto en una etapa determinada del embudo sin poder dar explicaciones claras. Hay que establecer mecanismos que permitan:

- Justificar y argumentar muy bien las razones.

- Intentar objetivar las dimensiones de evaluación todo lo posible.

- No depender de una persona, sino de un comité donde varias opinan mediante un sistema de votación y puntuación.

- Poner en valor el fracaso dándole reconocimiento, admiración y visibilidad, fomentando de esta forma volver a intentarlo con un nuevo proyecto.

- Intentarlo porque se aprende haciendo y porque caerse permite aprender para volver a levantarse.

Un punto crítico lo constituyen los filtros que podemos utilizar a lo largo del itinerario y que debemos personalizar; han de ser seleccionados, priorizados y ponderados según su relevancia para nuestra compañía. Hemos elaborado una lista a modo de muestra genérica, a la que tendremos que añadir los criterios de evaluación que nos permitan alinear los proyectos con nuestra estrategia corporativa. Debe establecerse el grado de flexibilidad y tolerancia en cada caso, muchas veces en consenso con la dirección general o el órgano de gobierno de nuestra organización.

HERRAMIENTAS CLAVE
SIETE CRITERIOS PARA LA EVALUACIÓN DE UN PROYECTO.

Los presentes criterios están clasificados por categorías bajo el enfoque más exigente, el de un inversor potencial, y se pueden aplicar a proyectos de diferente naturaleza:

1. Equipo

- ¿Cuál es su nivel de energía? ¿Transmiten la pasión propia de un emprendedor obsesionado con su iniciativa?
- ¿Disponemos de referencias (proveedores, clientes, conocidos, universidad, etc.) o podemos conseguirlas?
- ¿Es un proyecto individual o de equipo? ¿Existe un equipo estructurado?
- ¿Existe un organigrama? ¿Está previsto y es creíble?
- ¿Tienen capacidad de atracción y captación de talento?
- ¿Desde cuándo se conoce el equipo?
- ¿El equipo es multidisciplinar? ¿Combina capacidades de emprendedor, técnico y visionario?
- ¿Tienen experiencia previa? ¿Existe experiencia/veteranía *(expertise/seniority)*?
- ¿Han fracasado antes? ¿Cuáles fueron los aprendizajes?
- ¿Tienen capacidad de ejecución? *¿Centran sus esfuerzos en la iniciativa o están dispersos?*
- ¿Tienen experiencia en dirigir equipos?
- ¿Experiencia en ventas? ¿Y en el sector objeto de la iniciativa?

2. Oportunidad

- No toda idea de negocio es una oportunidad. ¿Es idea u oportunidad? ¿Está clara la oportunidad?
- ¿Existe un planteamiento claro de la necesidad-el problema-la solución?
- ¿Está clara la propuesta de valor? ¿Exponen por qué el cliente comprará el producto/servicio?
- ¿Responde a una necesidad o a un problema de un consumidor?
- ¿Cómo se ha validado la oportunidad (ventas, estudios de mercado, entrevistas, etcétera)? ¿Han aproximado al cliente?
- ¿Los estudios de mercado, entrevistas, etc. son relevantes?

3. Mercado

- ¿Conocen el mercado? ¿Aportan información relevante?
- ¿Tienen clara la cadena de valor?
- ¿Dispone el mercado de masa crítica? ¿Es un mercado en crecimiento?
- ¿Posicionan bien los segmentos que existen y dónde se encuentran?
- ¿Conocen los factores clave del sector?
- ¿Conocen a su competencia (la analizan en profundidad, comentan que no hay competencia, etcétera)?
- ¿Cómo van a competir? ¿Qué ventajas competitivas y factores clave de éxito tienen?

4. Comercial

- ¿Aportan conocimiento de clientes? ¿Qué nivel de detalle aportan?
- En las validaciones, ¿han vendido ya? ¿Hay una masa crítica de clientes suficiente?
- ¿Exponen claramente las ventas realizadas? ¿Son cíclicas, temporales, etcétera?
- ¿Existe plan comercial? ¿Cómo se han realizado las previsiones?
- ¿Tienen referencias (testimoniales) de clientes? ¿Podemos hablar con ellos?

5. Ecofinanzas

- ¿Cuánto han aportado los intraemprendedores al proyecto en tiempo?
- ¿Hay otros potenciales inversores que hayan invertido en modelos similares?
- ¿Los márgenes y crecimientos son de mercado?
- ¿Tienen un análisis económico-financiero robusto?
- ¿Detallan la necesidad financiera y el destino? ¿Qué valoran y ofrecen?
- ¿Detallan la estructura de financiación?

6. Estrategia

- ¿Encaja con la cultura corporativa?
- ¿Qué hitos relevantes se han conseguido? ¿Muestran tenacidad y planificación?

- ¿Existe una estrategia y un plan de acción claros con un horizonte temporal realista?
- ¿Existe un análisis de riesgos, contingencias y acciones al respecto?
- ¿Plantean una estrategia de salida? ¿Es atractiva para las partes?
- ¿Qué grado de ambición tienen?

7. **Innovación**

- ¿Existe la opción de patentarlo?
- ¿Existe un plan de innovación constante y sistemático?
- ¿El producto/servicio va dirigido a una nueva categoría de clientes?
- ¿Existen competidores nuevos para el producto/servicio?
- ¿El producto/servicio se ha desarrollado con una tecnología totalmente nueva?
- ¿Ha sido nuevo el trabajo de ingeniería y diseño usado en el producto/servicio?
- ¿Se ha usado un nuevo proceso y/o sistema de producción para realizar el producto/servicio?

Presentar y «vender» el proyecto

Uno de los momentos clave es la presentación personal por parte de los promotores. En los foros de inversión la presentación del proyecto por parte del emprendedor de una empresa emergente —que ya ha pasado obviamente unos filtros previos— resulta en muchas ocasiones el punto de inflexión para conseguir financiación y hacer viable un proyecto. Esto puede generar situaciones injustas o echar a perder esfuerzos anteriores y pueden malograrse buenos proyectos simplemente por una mala presentación.

Indudablemente la venta interna de un proyecto dentro de una organización representa un punto donde los empleados carecen de la formación y las herramientas necesarias para «venderlo» correctamente. Por ello será necesario hacer hincapié en dotar a los intraemprendedores del conocimiento y de las herramientas precisas para llevar a cabo una presentación exitosa. La mayoría de las veces también dotamos de un entrenamiento para presentar de manera efectiva y convincente. En talleres prácticos no sólo se aprende la técnica, sino que se pone en práctica. Se trata de habilidades básicas muy útiles en cualquier ámbito corporativo o personal.

No hay que olvidar que el intraemprendedor compite igualmente, aunque de forma interna, por la obtención de unos recursos limitados.

Por otra parte, la dirección o el comité encargado de evaluar la presentación de un proyecto y su viabilidad también deben actuar de modo profesional estableciendo unos criterios previos que utilizarán de forma consistente para todos los proyectos.

A modo de ejemplo, estas son algunas de las principales preguntas que pueden formularse:

- ¿Convence la impresión del equipo? Enumerar las características positivas y negativas.
- ¿Hay necesidad de clarificar algunos aspectos o malentendidos?
- Detallar los momentos positivos y negativos de la presentación.
- ¿Podríamos trabajar con ellos durante un largo período?

- ¿La oportunidad ha estado bien expuesta (qué y cómo lo hacen y a quién se dirigen)?
- ¿Conocen el mercado y la necesidad?
- ¿Saben exponer y escuchar?
- ¿Tienen visión operativa y estratégica?
- ¿Han sabido responder correctamente o gestionar bien la falta de respuesta?
- ¿Transmiten confianza, experiencia y pasión?
- ¿Entienden el papel del emprendedor corporativo o intraemprendedor?
- ¿Hay compromiso y liderazgo en el proyecto?
- ¿Es clara y coherente la documentación desarrollada en cada etapa?

Una manera de simplificar los criterios de evaluación consiste en crear una tabla de doble entrada que permita a los evaluadores puntuar cada proyecto de forma individual basándose en los criterios ponderados establecidos por la organización. Así se obtiene un índice cuantitativo que posibilita examinar los proyectos de manera neutral, profesionalizada y objetiva.

Las presentaciones de proyectos resultan a veces un arma de doble filo. Es habitual encontrarse con presentadores de proyectos de perfil muy técnico que no tienen precisamente entre sus cualidades hacer una presentación que «venda» el proyecto. No son profesionales de la presentación. Así, un buen proyecto se puede ver lastrado por una presentación que no le haga justicia. Además, resulta habitual en situaciones donde se deben revisar muchos proyectos que tanto el presentador como los evaluadores tengan un tiempo muy limitado, lo que puede condicionar una vez más tomar una buena decisión. Las compañías han de evitar caer en este tipo de trampas que pueden hacer descartar buenos proyectos.

HERRAMIENTAS CLAVE
TABLAS DE EVALUACIÓN DE PROYECTOS.

Equipo evaluador: _____

Evaluación de proyectos (I)

	Parámetro	1	2	3	4	5	6	7
1	**Implicación** ¿Están dedicados a pleno tiempo? ¿Comprometidos? ¿Han invertido dinero? ¿Ellos y quién más?							
2	**Capacidad del equipo** ¿Multidisciplinar? ¿Organigrama creíble? ¿Capacidad captación?							
3	**Ejecución** ¿Focalizados en lo crítico? ¿Saben vender? ¿Lo han hecho antes?							
4	**Oportunidad** ¿Existe un planteamiento claro de la necesidad-problema-solución y por qué el cliente comprará el producto/servicio?							
5	**Competidores** ¿Conocen a su competencia? ¿Ventajas competitivas claras? ¿Cómo se diferencian?							
6	**Mercado** ¿Tienen volumen? ¿Evoluciona al alza? ¿Es atractivo?							

COMENTARIOS: Puntuar los 7 proyectos comparándolos cuando la siguiente escala: 1 (menos favorable) a 5 (más favorable).

© Active Development

Equipo evaluador: _____

Evaluación de proyectos (II)

	Parámetro	1	2	3	4	5	6	7
7	**Ventas** ¿Han vendido? ¿Son cobros o sólo facturas?							
8	**Plan comercial** ¿Existe? ¿Es táctico? ¿Realista?							
9	**Finanzas** ¿Detallan la necesidad financiera, el destino y la estructura de financiación? ¿Qué valoran y ofrecen?							
10	*Track record* ¿Qué hitos relevantes se han conseguido? ¿Muestran tenacidad y planificación?							
11	**Estrategia/plan** ¿Existe una estrategia y plan de acción claros con un horizonte temporal realista?							
12	**Grado de innovación** ¿El producto o servicio ha sido desarrollado con una tecnología totalmente nueva? ¿Existen patentes?							

COMENTARIOS: Puntuar los 7 proyectos comparándolos cuando la siguiente escala: 1 (menos favorable) a 5 (más favorable).

© Active Development

Los filtros, clasificados en siete categorías, así como estos criterios, nos permiten escoger mientras detectamos los puntos más débiles. A partir de aquí podemos definir unos condicionantes que posibilitan aprobar proyectos con los requerimientos que se tienen que cumplir en el futuro.

HERRAMIENTAS CLAVE
DOTACIÓN DE RECURSOS, ACOMPAÑAMIENTO E INCENTIVOS EN CADA ETAPA.

A lo largo del itinerario podemos dotar a cada etapa de recursos, acompañamiento *(coaching)* e incentivos. A continuación ilustramos algunos ejemplos que hemos desarrollado en proyectos reales clasificados en las distintas etapas del embudo genérico tratado en este capítulo:

	Recursos	Soporte	Incentivos
1. Generación de ideas	• Feria de ideas • Concurso de ideas • Banco de ideas • Retos abiertos al exterior • Espacios de creatividad	• Sesión de generación de ideas • Sesiones de creatividad y lluvia de ideas • *Software* de ideas que democratiza + clasifica • Fomento del espíritu emprendedor	• Premio a la mejor idea • Liberación de tiempo • Comunicación del itinerario • Reconocimiento (panel de innovadores) • Visibilidad en la organización

2. Oportunidades	• Dotación económica • Herramientas para crear un concepto (p. ej., NABCH) • Aprendizaje de la detección de oportunidades • Reuniones con directivos clave de la compañía	• Talleres de entrenamiento y formación • *Coaching* personalizado	• Acceso a presupuesto, responsabilidad y autonomía • Participación en las dinámicas de innovación • Acceso a directivos clave y visibilidad
3. Proyectos	• Herramientas de modelo de negocio (p. ej., lienzo de modelo de negocio) • Liberación de tiempo para el proyecto (validaciones) • Dotación económica al proyecto	• Talleres • *Coaching* personalizado • Acceso a expertos • Creación de células de innovación con equipo dedicado de varios departamentos	• Empoderamiento: intraemprendedor • Distinción y ciertos privilegios • Visibilidad por parte de toda la compañía
4. Iniciativas empresariales	• Herramientas de planificación de negocio • Liberación de tiempo para el proyecto	• Taller del emprendedor • Programa de tutorías • Sistema de evaluación *Active Development Assessment* (ADA) para definición del perfil emprendedor	• Presentación a la dirección general y/o al consejo de administración • Acceso a un comité de inversiones

| 4. Iniciativas empresariales | • Dotación económica al equipo y al proyecto
• Espacios físicos: «el garaje» | • *Coaching*
• Incubación corporativa | • Compensaciones monetarias y no monetarias (reconocimiento) |

Atrapados en el embudo de la innovación

Cualquier proceso de emprendimiento corporativo y la creación de unos procesos de selección y filtrado (embudo de conversión) de ideas en nuestra organización generarán una carga administrativa asociada. Tendremos que convivir con esta nueva «burocracia», que requerirá indudablemente un esfuerzo en tiempo y dinero (en ocasiones una inversión en costosos sistemas de información que sirvan como soporte a la gestión de la información generada).

Por ello debemos tener en cuenta las «trampas» en las que podemos caer al establecer nuestros procesos: excesiva carga administrativa, compromiso de excesivos recursos y, lo peor de todo, ralentización de nuestro proceso de innovación.

Por todo ello será clave establecer en todo momento un sistema ágil, enfocado a resultados, que no frene, sino que acelere nuestros procesos.

Basándonos en nuestra experiencia, resulta habitual ver empresas que caen en el error de destinar más tiempo realmente a la gestión del proceso que a la propia innovación o que enfocan a los empleados directivos con más experiencia en la gestión de filtrado y evaluación más que en la propia generación de nuevas ideas.

Si logramos que los procesos de toma de decisión sean largos y complicados, habremos caído en la «trampa» de volver a adaptar los procesos del embudo de innovación a los lentos sistemas tradicionales de la compañía.

ENTREVISTA
GONZALO MARTÍN-VILLA, DIRECTOR DE INNOVACIÓN DE TELEFÓNICA Y FUNDADOR DE WAYRA.

Gonzalo Martín Villa es director de innovación de Telefónica y fundador de Wayra, la aceleradora de empresas emergentes creada por Telefónica. Apasionado de la tecnología y la innovación, de su mano vamos a descubrir cómo es su visión de la innovación y del reto de innovar en una gran empresa y conseguir resultados. En sus propias palabras: «Nos encargamos de hacer que el elefante baile».

Telefónica es la empresa española que más invierte en I+D y por ello los esfuerzos en innovación son diversos y variados. ¿En qué áreas y/o proyectos concentra mayoritariamente sus esfuerzos de innovación? ¿Existe algún cambio o alguna nueva tendencia que se pueda detectar en las inversiones en innovación de cara al futuro?

Es difícil decir que nuestros esfuerzos en innovación se centran en algún campo o proyecto particular, pues el objetivo de nuestra innovación se centra en mejorar la experiencia de nuestros clientes en todos los niveles: desde invertir en nuestras redes para darles más y mejor cobertura hasta en desarrollos que les permitan tener mejor control de sus datos. En cuanto a tendencias, creo que podemos señalar algunos campos que ya están cobrando relevancia: internet de las cosas *(Internet of Things [IoT])*, inteligencia artificial, aprendizaje automático, *big data* o privacidad. En Telefónica llevamos ya tiempo trabajando con el objetivo de abrir el mundo de posibilidades de nuestros clientes a través de las conexiones y los avances que la internet de las cosas supone. De la misma forma, buscamos hacer evolucionar nuestras redes y convertirlas en más inteligentes mediante la inteligencia artificial y el aprendizaje automático. Finalmente, Chema Alonso lidera como jefe de datos *(Chief Data Officer [CDO])* nuestras iniciativas relacionadas con los datos y la privacidad de nuestros clientes que lo que permiten (y lo harán cada vez más en un futuro): que elijan qué quieren compartir, cómo y con quién.

Telefónica ha sido pionera en España en la colaboración con empresas emergentes mediante los proyectos que abarca Telefónica Open Future (TOF): Think Big, Talentum Startups, Crowdworking, Wayra, fondos Amérigo y Telefónica Ventures. ¿De qué forma nació la necesidad de colaborar con el entorno de empresas emergentes? ¿Cuáles fueron los principales retos que planteó? ¿Qué balance se puede extraer de estos proyectos? ¿Por qué innovación abierta?

Telefónica ha sido siempre pionera en procesos de innovación y, como tal, fue la primera TELCO (empresa de telecomunicaciones) y la primera empresa española que detectó hace ya años la necesidad de colaborar con empresas emergentes. En el entorno digital para permanecer competitivos se necesita agilidad y rapidez a la hora de hacer frente a los retos que supone para las industrias tradicionales: se precisa complementar la innovación interna con la externa. Son los emprendedores los que pueden hacer frente rápidamente a las demandas de los clientes al desarrollar nuevos productos y servicios. La corporación puede apoyarles ofreciendo oportunidades de desarrollo de negocio, de internacionalización y de visibilidad.

Principales retos

1. Visibilidad y posicionamiento: el principal reto que se planteó al principio fue atraer a emprendedores, ganar visibilidad. No era habitual que una gran corporación colaborase con emprendedores y, por tanto, había que abrirse camino y vencer prejuicios. Se trataba de demostrar al mercado, principalmente a los emprendedores, que TOF, con programas como Wayra, suponía una plataforma creada para ayudarles. Además, también había que demostrar que la apuesta por mercados emergentes como Latinoamérica o Europa sobre otros más maduros, como Estados Unidos o Israel, era un acierto.

2. Cultura interna: una vez posicionados en el mercado, había que hacer frente a la resistencia interna, ya que los trabajadores de Telefónica no entendían la necesidad de invertir muchos recursos en atraer a emprendedores a la compañía en lugar de desarrollar las soluciones internamente, como era habitual en las grandes corporaciones.

3. Enfoque de extremo a extremo *(end to end):* otro de los retos a los que se enfrentó Telefónica Wayra fue conseguir apoyar y atraer a emprendedores en cualquier fase de madurez y tener herramientas que permitiesen acompañarles en todo su crecimiento para que no se escapasen proyectos innovadores y potencialmente exitosos. Se lanzaron iniciativas que cubrían todo el proceso de desarrollo, desde una idea hasta una potencial salida a bolsa.

4. Enfoque abierto y colaborativo: por último, vale la pena mencionar que también era importante, con recursos limitados, acceder a otros mercados y colaborar con otras corporaciones. Esto se hacía tanto para atraer talento que se nos escapaba como para ofrecer mayores oportunidades de desarrollo de negocio e internacionalización a las empresas emergentes que ya eran parte del universo TOF.

Balance

Hoy Telefónica es una empresa eminentemente digital reconocida a nivel mundial como una de las más potentes en innovación abierta. A lo largo de estos años y a través de TOF, se han apoyado más de mil cuatrocientos proyectos en Estados Unidos, Latinoamérica, Europa, Israel y Asia. Telefónica ha comprometido más de trescientos cincuenta millones de euros, de los cuales casi doscientos ya se han invertido. De las empresas emergentes en las que se ha invertido, más de cien colaboran activamente con Telefónica y gracias a esto se han generado sinergias en forma de ahorro de costes o aumento de ingresos superiores a los treinta millones de euros anuales. El incremento de la valoración de la cartera es constante y ya hay diversos casos de éxito de ventas por grandes cifras e incluso salidas a bolsa.

A nivel operativo TOF tiene presencia directa en diecisiete países (incluso en algunos donde Telefónica no tiene actividad) y colabora con más de ochenta y cinco *partners* privados y públicos, incluyendo algunas de las TELCO más potentes a nivel mundial, como Orange, Deutsche Telekom, Singtel, China Unicom o Korea Telekom. Además es una herramienta que colabora activamente con los equipos de innovación interna y el *management* de Telefónica ha demostrado su compromiso con la iniciativa.

En definitiva, TOF ha conseguido posicionarse como un gran referente a nivel global en procesos de innovación abierta y cumplir e incluso superar las previsiones financieras y de innovación.

El entorno de innovación externo de Telefónica es bien visible pero, ¿cómo trabaja la innovación internamente Telefónica? ¿Existen programas que la fomenten en toda la estructura de la empresa?

La innovación en Telefónica está diseminada a través de toda la organización y es algo en lo que trabajamos todos los días. Los equipos responsables de nuestras ofertas comerciales constantemente están pensando cómo hacer evolucionar esa oferta para ofrecer a nuestros clientes las mejores posibilidades para que elijan. Lo mismo pasa con nuestros equipos en las operadoras encargados del desarrollo de redes y con quienes están en el área legal cuando buscan cómo proteger a nuestros clientes a medida que la tecnología nos presenta nuevos escenarios con los que trabajar. El área que yo dirijo está más enfocada hacia la innovación a mediano y largo plazo y como parte de ello tenemos procesos varias veces al año en los que convocamos a los empleados para que envíen sus ideas; las ideas más innovadoras se presentan ante un jurado de ejecutivos de la compañía de manera muy similar a como lo hacen las empresas emergentes y las ideas ganadoras se convierten en proyectos de innovación a los que se asignan recursos para que quienes propusieron dichas ideas puedan desarrollarlas y hacerlas realidad. De manera complementaria, nuestra área de Recursos Humanos constantemente incorpora metodologías, ideas y temas que giran en torno a la innovación a su currículum de formación con el objetivo de que todos tengamos las herramientas necesarias para innovar en nuestro día a día.

¿Cómo consigue Telefónica atraer, detectar, retener y potenciar a los empleados más innovadores? ¿Existen planes de incentivos/recompensas para ellos?

Tenemos un programa llamado Innovation Calls cuyo objetivo cuando lo lanzamos fue identificar buenas ideas para proyectos de innovación. Sin embargo, desde el primer momento nos dimos cuenta de que además las Innovation Calls suponen un gran instrumento para identificar el talento emprendedor dentro de la compañía. Estas personas están deseando tener una oportunidad para emerger y hacerse visibles. Esto lo descubrimos con este programa.

Cuando una idea es seleccionada y se convierte en un proyecto de innovación, las personas que la propusieron tienen la oportunidad de trabajar a tiempo completo en ella y Telefónica pone los recursos necesarios para ayudarlas a que tengan éxito. Estos equipos trabajan como una empresa emergente interna tomando sus propias decisiones. Otra de las cosas que hemos descubierto es que el talento emprendedor valora mucho esta forma de trabajar, valora la autonomía y sentirse dueño de la evolución de su idea. Para estas personas este modo de trabajar es una recompensa en sí misma.

¿Qué técnicas destacaría para conseguir generar nuevas ideas o detectar nuevas tendencias que permitan desarrollar proyectos innovadores?

Creo que lo más importante para favorecer el desarrollo de proyectos innovadores es una cultura que no satanice el fracaso, sino que lo considere parte de un proceso de mejora continua. En ocasiones a las grandes empresas nos castigan mucho cuando hacemos pilotos, cuando probamos cosas nuevas que quizás no funcionen a la primera pero que es importante probar para luego ir afinando, mejorando. Somos mucho más permisivos con las empresas emergentes o con las empresas nuevas a la hora de probar cosas y nos olvidamos de que es así como todas las empresas logramos aprender y mejorar para crear mejores productos y, sobre todo, productos y servicios que se adecúen de la mejor manera posible a las necesidades de los clientes. Muchas veces considero que mi trabajo empieza por fomentar ese ambiente dentro de Telefónica, pero también con nuestros clientes y los medios para ganarnos esos espacios en donde podamos probar y así traerles más y mejores productos.

Otro aspecto muy importante consiste en identificar y analizar los grandes retos y las oportunidades que tiene Telefónica para buscar ideas de potenciales soluciones. Cuando arrancamos las Innovation Calls eran totalmente abiertas para cualquier tipo de ideas, pero nos dimos cuenta de que si queremos ideas que aborden retos y oportunidades en la compañía es importante inspirar y guiar a los empleados en este sentido. Por eso ahora para las Innovation Calls se realiza un trabajo previo de identificación y análisis de áreas de oportunidad y retos y se elaboran unas guías donde se proporciona a los empleados información y material detallado que les permita entender dichos retos y pensar en soluciones. Por otro lado, las mejores ideas son las que se han madurado, se han compartido con otras áreas y organizaciones y se trabajan en equipo; esto hace que la calidad y el nivel de ambición aumenten de forma significativa. Por eso ayudamos a las personas que están pensando en presentar una idea a trabajar en esta línea a través de sesiones de tutorías y de talleres *(workshops)*.

¿Qué fases y filtros debe pasar una idea interna para conseguir recursos y convertirse en un proyecto viable? Se pierden buenas ideas por el camino, ¿cómo evitarlo?

Creo que decir que se pierden buenas ideas por el camino es inevitable porque la clasificación de una idea como buena siempre tendrá un alto componente subjetivo: ¿buena para quién? Quizás una idea que salga de nuestros procesos de ideación sea buenísima para un banco pero no necesariamente para Telefónica, con lo cual nuestros procesos siempre van enfocados a apalancar nuestras ventajas competitivas y los activos en los que ya hemos invertido, como la red. Los principales filtros para nosotros son que sea una idea que mejore la vida de nuestros clientes, que nos permita apalancar nuestras ventajas competitivas y que nos posicione en un buen lugar de cara al futuro (sea a través de un modelo de negocio ganador, de una propuesta de valor muy sólida y diferencial para los clientes o del desarrollo de una tecnología rompedora). Teniendo en cuenta estos criterios, las ideas presentadas en las Innovation Calls pasan por una fase de filtrado realizada por expertos de diferentes áreas y nos aseguramos de que al menos tres personas revisen y evalúen las ideas con distintas perspectivas; en algunos casos las llegan a supervisar hasta diez personas. El objetivo es seleccionar las mejores ideas de forma objetiva y minimizar el riesgo de descartar una idea al ser evaluada por una única persona o desde un único punto de vista. Las mejores ideas son las que se pasan a la siguiente fase y se presentan ante un jurado compuesto principalmente por ejecutivos de la compañía; se dispone de diez minutos para presentar y defender la idea.

¿El tamaño de una empresa puede jugar en contra de la innovación? ¿Cuáles son las principales barreras a esta dentro de una gran empresa y cómo ha logrado Telefónica superarlas?

A nosotros nos gusta decir que nos encargamos de hacer que el elefante baile. Buscamos aprovechar lo mejor de ser una empresa del tamaño de Telefónica para innovar y tratar de movernos a una velocidad y con una gracia improbables para un animal de este tamaño. Las principales barreras muchas veces son los procesos que resultan absolutamente necesarios a medida que se gana tamaño en una compañía pero que, cuando hablamos de pequeños proyectos que se gestionan tipo empresa emergente, pueden significar la muerte. Así que nos movemos con mucha flexibilidad, negociando con muchos fundamentos esa flexibilidad que pedimos y evangelizando la cultura del aprendizaje continuo (prueba y error) dentro de la compañía. Buscamos documentar muy bien qué fue lo que aprendimos en cada paso para que nunca perdamos.

El tamaño de la empresa también puede jugar a favor. Tenemos unos activos (la red, nuestros canales, nuestra base de clientes, etc.) en los que nos apalancamos para crear productos y servicios diferenciales. Y ser una empresa grande también nos abre desde el primer momento puertas a las que una empresa emergente soñaría con poder llamar, lo cual nos permite trabajar muy cerca de los clientes y entender cómo podemos crearles valor.

¿Considera que la innovación es un factor determinante para la supervivencia de una empresa? ¿Qué tres consejos básicos daría a una compañía que no tiene la innovación entre sus prioridades fundamentales?

Me parece que la adaptación es determinante para la supervivencia de una empresa y resulta difícil adaptarse a los nuevos tiempos sin innovar. Dicho esto, creo que cada empresa hace lo que le parece mejor para su contexto, con lo cual quizás lo que es fundamental para una no necesariamente resulta tan prioritario para otra. Si una compañía no tiene la innovación dentro de sus prioridades fundamentales, mi único consejo sería que evalúe con lupa su contexto para asegurarse de que sus prioridades estén alineadas a él y que su futuro no quede comprometido o limitado con las decisiones/acciones en las que decida invertir hoy.

¿Cómo se consigue un buen equilibrio entre resultados a corto plazo e innovación? ¿Existe mucha presión interna para conseguir resultados inmediatos? ¿Se apuesta suficiente por la innovación disruptiva?

Creo que el buen equilibrio se logra cuando se evita pensar en la innovación solamente como algo a largo plazo. Como explicaba anteriormente, en Telefónica necesitamos innovar y adaptarnos al entorno todos los días y a todas las escalas, con lo cual nuestros resultados de corto plazo son directamente proporcionales a nuestra capacidad de innovación en el día a día. La presión que tenemos es asegurarnos de que seguimos siendo la mejor elección para nuestros clientes.

La relación que tenemos con las unidades de negocio es cada vez más estrecha, lo que nos permite entender cuáles son los grandes retos y las grandes necesidades que tienen nuestros clientes para crear soluciones desde la innovación. Es importante tener una buena combinación de innovación adyacente enfocada al *core* del negocio y al corto-medio plazo e innovación disruptiva más enfocada al largo plazo.

¿Más allá del ROI existen otras métricas que deben tenerse en cuenta para valorar los esfuerzos realizados en innovación? ¿Cómo mide Telefónica los resultados de la innovación?

El aprendizaje es una parte vital de los esfuerzos de innovación. La documentación y gestión de dicho aprendizaje permite capitalizar las inversiones en innovación a pesar de que no hayan sido exitosas en la primera forma en la que se visualizaron… muchas veces una idea exitosa está basada en los aprendizajes de veinte fallidas sin los cuales jamás podría haber visto la luz. Para nosotros supone un reto todavía encontrar una manera de medir esto porque cuando no tienes ingresos *(revenue)* no es tan fácil o directo identificar cómo medir la creación de valor para los clientes.

¿Qué retos va a suponer para Telefónica la entrada de la nueva generación de *millennials* en la organización? ¿Cree que va a tener impacto en las políticas de innovación de las empresas?

En Telefónica ya contamos desde hace tiempo con *millennials* trabajando en la organización. Tenemos muchos programas que desde Recursos Humanos fomentan el reclutamiento y desarrollo de talento milenial y como organización buscamos apoyarles en las iniciativas que lideran, como el Millenial Network, que conecta no sólo a los *millennials* de edad, sino de espíritu (y a los curiosos que quieren aprender más de esta cultura) a lo largo de todos los lugares donde Telefónica está presente. El impacto que yo espero que la incorporación de estas nuevas generaciones tenga en la compañía es que siga contagiándonos su energía, retándonos a hacer las cosas de manera diferente y cuestionándonos el «siempre se ha hecho así». A nosotros, como organización, nos queda empoderarlos para que esas voces resuenen a lo largo de la empresa y sigan contagiándonos.

Conclusiones

La palanca 3, la captación y el filtrado, se centra en captar cuantas más ideas mejor, vengan de la propia organización o del exterior. Mediante los filtros y las herramientas en cada fase conseguimos hacer que el embudo de conversión se vaya estrechando para acotar de una forma profesional los proyectos que realmente interesan a la empresa.

Definimos un circuito por el que las ideas van superando retos y puertas de filtrado a la vez que maduran convirtiéndose en conceptos. Cada compañía configura su circuito (embudo o *funnel*) a medida de su experiencia, su cultura, la naturaleza del negocio y el alcance de su actividad intraemprendedora.

Elementos clave de éxito son: saber aprovechar el talento de nuestros equipos actuales, establecer los criterios de selección adecuados para no matar oportunidades interesantes, definir mecanismos de filtro neutrales y transparentes para poder decir que no también y, por último, capacitar a los participantes acompañándolos en su itinerario intraemprendedor.

PALANCA 4
PUESTA EN MARCHA

CON ESTA PALANCA SE CONSIGUE:

- Pasar del concepto a la realidad con el objetivo de poner en marcha, ejecutar, implementar y desarrollar.

- Aplicar no sólo a iniciativas o proyectos que llegan al mercado y aportarán nuevas fuentes de ingresos, sino a los que tienen un retorno en ahorro de costes o de carácter cualitativo.

- Aprender a gestionar el riesgo y a lanzar un nuevo proyecto mediante la experimentación y el compromiso de recursos por hitos a medida que validamos hipótesis en el camino.

- Saber que la ejecución está en la clave, no tanto en la idea, en la oportunidad o en el plan. Las personas al mando de la iniciativa representan el elemento más importante para garantizar que los eventos sucedan y se materialicen los resultados.

«De la idea al mercado, la ejecución».

Cuadro P4.1 Palanca 4: puesta en marcha

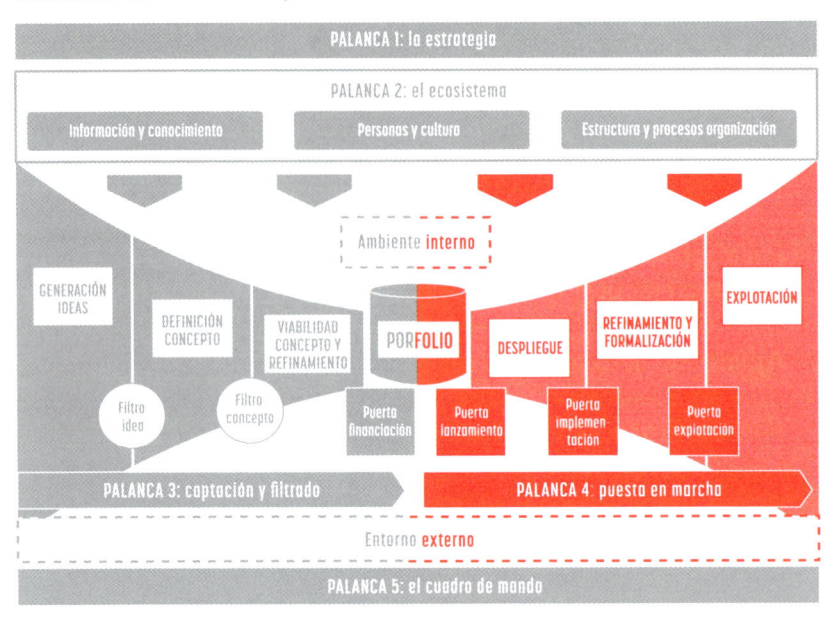

Una vez que los proyectos han llegado al final del proceso de la palanca 3, captación y filtrado, y disponemos de una cartera de iniciativas empresariales, debemos decidir cuáles lanzamos al mercado. Este es un punto crítico donde normalmente participa la dirección de la compañía debido a su impacto estratégico y al compromiso requerido de recursos.

Supone una etapa donde obviamente el control por parte de la organización resulta mucho más intenso y directo e incluso es raro que dentro de la empresa el mismo equipo que ha pilotado la fase de captación y filtrado se haga cargo íntegramente de la puesta en marcha. Probablemente no dispone de los conocimientos y/o la experiencia necesarios, si bien con toda seguridad la gran organización contará con empleados o equipos altamente experimentados que pueden aportar mucho más valor en esta fase.

El desarrollo de estas iniciativas se realiza a través de las etapas que constituyen la segunda parte del embudo, enmarcado en la palanca 4, puesta en marcha. Se trata de un hito muy importante porque si hemos llegado hasta aquí implica que tenemos una cartera potencial de proyectos que representan verdaderas oportunidades para la compañía. Ahora empezarán su camino hacia el mercado o su ejecución interna, que es lo más difícil y muchas veces lo menos valorado.

Aunque obviamente las grandes empresas normalmente tienen experiencia en la comercialización de nuevos productos y son buenas en su ejecución, buscamos introducir varios aspectos de mejora mediante tres pilares básicos:

1. Aumentar la velocidad de ejecución: habitualmente todas las organizaciones se quejan de la lentitud para llegar a vender un producto o servicio una vez que se ha decidido apostar firmemente por él.

2. Conectar más rápidamente con nuestros potenciales clientes y conocer realmente qué les importa para afinar más nuestra última fase de lanzamiento.

3. Disponer de un proceso y de una metodología que en ocasiones no se encuentra suficientemente definida y donde no se van a priorizar volumen, escala y certidumbre de resultados.

En esta palanca veremos los pasos clave para convertir estos proyectos en negocios de éxito. Sugeriremos unas etapas clave en nuestro modelo de embudo y apreciaremos los errores más comunes y las claves que nos harán alcanzar nuestros objetivos.

Impulsar una iniciativa empresarial

En esta etapa desarrollaremos la iniciativa empresarial desplegándola en sus distintas áreas funcionales. Hay que planificar el negocio para crear una hoja de ruta con las acciones y tácticas que nos permitirán ejecutar el negocio. Recordemos que el punto de partida aquí es lo que heredamos de la palanca 3, donde como mínimo deberíamos disponer de: modelo de negocio, validación directa con clientes y primeros números, que proporcionan una aproximación financiera.

Llegados a este punto, hemos de ir más allá y completar los planes siguientes realizando una planificación coherente del proyecto en un horizonte mínimo de tres años en detalle y un máximo que se ha de determinar en función de la naturaleza del propio proyecto. Es recomendable complementar el equipo internamente, así como con algún experto externo que haya sido antiguo emprendedor y ya haya hecho el camino antes, pues aportará una guía y un contraste fresco y neutral.

A continuación se desgrana la planificación más completa de un proyecto —es como si creáramos una nueva unidad de negocio o incluso una empresa—. Siempre en cualquier proyecto, aunque sea interno o con un retorno cualitativo, debemos considerar las siguientes dimensiones para establecer objetivos, reducir la incertidumbre valorando diferentes escenarios y, en definitiva, acotar el riesgo de la iniciativa. El plan que nos llevará al éxito ha de tener los elementos siguientes:

1. **Encaje con la empresa:** a diferencia de un plan de negocios tradicional, hay que considerar que el proyecto intraemprendedor se ejecuta inicialmente dentro de una organización o vinculado a ella, aunque en fases posteriores puede gestionarse de forma absolutamente autónoma. Por ello resulta importante incluir un apartado que especifique el tipo de relación que se establecerá entre el proyecto intraemprendedor y la compañía.

    Es habitual, por ejemplo, que un proyecto de este tipo tenga como inicial y principal cliente a la propia organización, ya que puede cubrir una necesidad de la misma y será una manera de arrancar la iniciativa con garantías. Este tipo de relación o los recursos que van a compartir o intercambiar deben quedar definidos independientemente del tipo de proyecto.

2. **Plan de marketing:** el esfuerzo en la primera parte del embudo se ha centrado de manera natural en el ámbito del marketing. Hemos diseñado una propuesta de valor específica para el perfil de cliente que lo precisa y hemos pensado cuáles serán

los puntos de contacto o cómo construir una relación intensa y duradera que nos permita fidelizarlo. Ahora tenemos que bajar más al detalle y profundizar en dos ámbitos:

a. Marketing estratégico: será necesario segmentar el mercado para encontrar nuestro mercado objetivo. Debemos trabajar nuestro posicionamiento o, dicho en otras palabras, cómo queremos ser percibidos por nuestro cliente para poder diferenciarnos de la competencia y de los productos sustitutivos.

b. Marketing operacional: está formado en esencia por el marketing mix. Entramos en detalle en la descripción del producto o servicio, la política de precios a lo largo de los años, la distribución y la comunicación para llegar a nuestro cliente y que pueda comprender nuestra propuesta de valor.

3. **Plan comercial:** constituye uno de los elementos clave, sobre todo si atendemos a que no cumplir los objetivos de ventas es la causa de fracaso más común en el lanzamiento de nuevas iniciativas. Las previsiones de costes siempre se cumplen pero no ocurre lo mismo con las de ingresos. ¿Cómo vamos a vender? ¿Quién vende? ¿Qué acciones haremos mañana? ¿Cómo superaremos la primera venta al primer cliente cuando nadie quiere ser el primero?

Partiendo de que la facturación equivale al precio por la cantidad de unidades vendidas, la forma como aproximemos nuestra planificación de ventas (la cantidad) delatará la fiabilidad de nuestro plan. Calcular el tamaño y una cuota del mercado no basta; debemos bajar a un plan táctico y utilizar el «embudo» de ventas. Basándonos en nuestro esfuerzo (e inversión) en marketing, podremos alcanzar al público (sea mediante publicidad o con visitas de nuestro equipo comercial). A partir de ahí, en función de nuestra eficacia podremos convertirlo en negocio o compra definitiva avanzando en los diferentes niveles, que diseñaremos a medida de nuestro negocio. Un indicador clave será nuestra razón de conversión.

4. **Plan de operaciones:** en él hemos de dimensionar la empresa para dar respuesta a la previsión de ventas proyectada en nuestro plan comercial a lo largo de los años. Tenemos que diseñar los procesos para llevar a cabo las actividades de la compañía, listar los recursos necesarios, calcular la capacidad productiva y pensar en los controles de calidad, en los *stocks* o en la logística.

    El plan de operaciones también debe establecer si el proyecto se va a desarrollar dentro de la compañía o de forma absolutamente independiente en una nueva ubicación. Este aspecto vendrá definido inicialmente por la palanca 1, la estrategia, donde habremos definido el modelo de emprendimiento corporativo que deseamos y en especial el grado de libertad otorgado a los proyectos. Obviamente, en algunos casos la idiosincrasia del propio proyecto y el grado de maduración de nuestro ecosistema intraemprendedor pueden forzar a que se desarrolle de forma independiente. Algunas iniciativas estarán condenadas al fracaso si no escapan del aún existente entorno burocratizado de la organización.

5. **Plan de recursos humanos:** frecuentemente olvidado, resulta uno de los elementos más importantes. Dado que la clave está en la ejecución, basándonos en nuestra experiencia sabemos que los inversores invierten habitualmente considerando principalmente a las personas. No sólo es importante el equipo con el que contamos hoy, sino también cómo seremos capaces de atraer talento, el diseño de la empresa, los sistemas de compensación y motivación o la cultura que nos hará altamente competitivos.

6. **Plan financiero:** se nutre de los anteriores para armar una cuenta de resultados. No sólo es relevante ver cuánto beneficio puede generar nuestra iniciativa, sino cuándo lo hará para entender cuánto de lejos está el punto muerto. Especial mención merece el presupuesto de tesorería —el control de la tesorería representa uno de los aspectos clave en las etapas de lanzamiento y crecimiento—, que mostrará los flujos de tesorería, así como el balance, donde veremos la evolución patrimonial.

Una vez realizado el plan de negocio completo, podemos evaluar con menos incertidumbre la viabilidad y el potencial del negocio. Muchas veces se requiere asesoramiento y acompañamiento externo para realizar una investigación rigurosa y con el detalle necesario. Aquí el filtro es decisivo porque el proyecto ya demanda de manera precisa el capital para poder ser lanzado definitivamente al mercado.

Refinamiento, formalización y explotación

Esta etapa corresponde a la puesta en marcha del proyecto. En la primera parte del embudo (palanca 3) realizamos varias validaciones directas con el cliente para evaluar el problema o la necesidad, así como para calibrar el encaje de nuestra propuesta de valor, producto y servicios. En el lanzamiento seguiremos validando nuestra oferta, dado que obtendremos la retroalimentación más rigurosa de nuestros clientes una vez que pongamos en sus manos el producto totalmente acabado y, sobre todo, cuando haya pagado por él.

Los primeros meses son muy importantes no sólo porque validarán la propuesta de valor con las primeras ventas, sino porque suponen la adquisición y organización de recursos en lo que representa el arranque operativo. Se trata de un momento crítico que delatará la capacidad del proyecto de alcanzar los objetivos y entregar los resultados prometidos.

En esta etapa se comprometen los fondos y los recursos mínimos para su puesta en marcha mientras se establecen los hitos para acceder al siguiente nivel. Se realiza un seguimiento muy próximo y se proporciona acompañamiento profesional y especializado. Demostrados los primeros pasos y contrastadas las hipótesis fundamentales que nutren el plan de negocio, podemos acceder a la siguiente etapa, donde aportamos la inyección de combustible que potenciará su crecimiento.

Al igual que en el resto del itinerario, aquí también debemos personalizar el número de etapas y criterios de filtro en función del tipo de iniciativas que se van a impulsar, la tradición de la compañía o incluso su carácter. Hemos colaborado con empresas familiares en la que su carácter orientado a la acción las lleva a lanzar rápidamente las nuevas iniciativas al mercado, mientras que otros clientes multinacionales establecen varias etapas bien definidas antes de comprometer su marca con innovaciones.

> ### EJEMPLO
> **PROYECTOS QUE SE QUEDAN POR EL CAMINO: LA GESTIÓN DEL FRACASO.**
>
> Incluso los mejores cometen errores, como hemos visto a lo largo del libro; la innovación conlleva riesgos. No es ninguna vergüenza quedarse en el camino; peor es no intentarlo. Google llevaba ya unos años trabajando en su proyecto Google Ara, un nuevo teléfono móvil inteligente modular, una idea brillante que perseguía la visión de crear un móvil personalizable donde se pudiesen cambiar sus componentes de *hardware*. Era la respuesta de Google a la demanda de un dispositivo que resistiese mejor el paso del tiempo y evitara que el usuario se viese forzado a adquirir un nuevo dispositivo. De alguna forma, se trataba de trasladar el furor de los ordenadores clónicos que el usuario podía montar a su gusto comprando distintas piezas y actualizar sustituyendo o ampliando memoria, disco duro etc. La misma filosofía permitiría a los usuarios actualizar la cámara de fotos, la memoria, la batería y el procesador sin necesidad de cambiar su móvil y a unos precios competitivos. Llegaron a presentarse prototipos del proyecto Google Ara e incluso se especulaba con fechas de lanzamiento pero, tras posponerlo, Google finalmente anunció que lo cancelaba.

Es difícil conocer desde fuera los motivos reales que llevaron a la compañía a esta decisión, aunque se pueden apuntar varios: dificultades técnicas de *hardware* y *software* complejas de resolver, velocidad de la competencia en el ciclo de vida de sus productos o aumentos del coste de producción inesperados, por ejemplo.

Después de esta noticia son muchos los analistas que se apuntan a indicar que ya habían predicho el fracaso de este proyecto desde el primer día. El pequeño espacio y el numeroso *hardware* de un dispositivo móvil impedían que los componentes se pudieran intercambiar fácilmente sin tener que llevar un dispositivo enorme, pesado y con un diseño horrible.

¿Es este un signo de debilidad de Google? ¿Su tamaño le está pasando factura para conseguir nuevas innovaciones disruptivas? Google se ha convertido en un gigante y es obvio que en su crecimiento lucha constantemente para mantener el espíritu de empresa emergente que la llevó a convertirse en lo que es hoy. La cancelación de este proyecto supone una muestra de esta lucha por seguir innovando.

Google ya inició en 2015 una reorganización de sus negocios para dividirse en varias compañías de menor tamaño bajo el paraguas de Alphabet. Esta estrategia puede responder a motivos financieros y de mejora de la gestión de sus diversificados negocios pero también al deseo de mantenerse como líder en innovación con estructuras más ligeras.

Este proyecto que no ha visto la luz es uno más entre otros muchos que ha desarrollado Google en los últimos años y que finalmente no han llegado a comercializarse o se han cancelado al poco tiempo de su lanzamiento. Lejos de considerarlo un fracaso, creemos que demuestra la valentía de la organización para seguir innovando y debería ser un ejemplo.

El dilema del control

Esta etapa concluye el embudo en el que los proyectos han ido superando fases en este itinerario hacia su ejecución y en muchos casos hacia el mercado. Aquí se accede a una segunda dotación de recursos para potenciar su crecimiento, que se basa en acelerar el desarrollo de la solución una vez validada esta, su mecánica operativa y a veces comercial cuando llega al mercado, su equipo y su rendimiento financiero. A partir de esta etapa llegaremos hasta donde nos propongamos y el único límite estará en el grado de ambición de la organización.

En función de la naturaleza de la iniciativa, existen varias fórmulas para dotar al proyecto de la libertad necesaria para explotar todo su potencial. Si hablamos de una nueva unidad de negocio o empresa, es muy común que la iniciativa se desvincule de la empresa madre a modo de escisión. Se trata de una de las fórmulas más comunes que posibilita a la nueva compañía disponer de su propio sistema operativo, cultura y libertad para desarrollarse de manera autónoma. El reto en estas fórmulas es cómo mantener el vínculo con la corporación «madre» alimentándose mutuamente de recursos. Basándonos en nuestra experiencia, sabemos que resulta importante desvincularla físicamente para no contaminar a la nueva organización con los vicios propios de una empresa orientada a la eficiencia y no a la innovación y al aprendizaje constante en entornos cambiantes.

En todo caso, no es una decisión fácil para las compañías y debe evaluarse detenidamente para tomar la decisión más correcta según el tipo de proyecto y de cultura corporativa. Muchas optan por desarrollar el despliegue bajo el paraguas de una unidad de negocio, lo que en ocasiones provoca tensiones al verse el nuevo proyecto bajo el corsé, los procesos y los sistemas de reporte establecidos en la organización. Aportará en cualquier caso mayor control sobre los recursos y especialmente sobre la estrategia para evitar que se desvíe de los objetivos iniciales, lo que fácilmente puede suceder si damos total libertad e independencia a una iniciativa. Es habitual que los proyectos que nacen de forma totalmente independiente se vayan amoldando y adaptando a las circunstancias a las que se enfrentan, derivando así en ocasiones en modelos de negocio totalmente distintos. En cualquier caso, este aspecto, que la empresa puede ver como negativo, no es más que una lógica adaptación flexible a las exigencias a las que se va enfrentando el nuevo proyecto en su desarrollo.

Los proyectos más disruptivos y radicales necesitarán indudablemente mayor libertad que los que simplemente aportan una mejora interna o complementan productos o servicios ya existentes. Para la compañía constituirá un reto diseñar sistemas para que, a pesar de la libertad otorgada al proyecto, se establezcan vínculos directos para seguir beneficiándose mutuamente de su relación.

EJEMPLO
DEL GORE-TEX® A LAS CUERDAS DE GUITARRA ELIXIR®[1].

W. L. Gore & Associates es una empresa estadounidense especializada en productos derivados de polímeros fluorocarbonados. Esto puede decir muy poco al lector, pero si añadimos que es la creadora del tejido impermeable y transpirable Gore-Tex® seguramente todos la identificarán rápidamente. Gore-Tex® se ha convertido prácticamente en un estándar en la mayoría de prendas deportivas. Además, dispone de un porfolio adicional de productos creados alrededor de polímeros fluorocarbonados.

Esta compañía destaca por tener un organigrama muy plano e incentivar en toda su organización la creatividad y la innovación al permitir destinar un 10% del tiempo a nuevos proyectos. De esta forma fue como uno de sus empleados, Dave Myers, detectó la posibilidad de utilizar un recubrimiento para cables destinado a usos industriales en la fabricación de cables de guitarra.

Puede parecer surrealista que una empresa que asociamos a un producto textil termine produciendo cuerdas de guitarra, pero así es. La idea de Myers fue tomando forma y se constató que, gracias a este nuevo recubrimiento, la sonoridad de las cuerdas de la guitarra se alargaba y era mejor que la de las existentes. Adicionalmente, el recubrimiento permite alargar la vida útil de las cuerdas (el triple respecto a las existentes) y previene la oxidación. Actualmente se comercializan bajo la marca Elixir® Strings[2], son las cuerdas número 1 en ventas para guitarras acústicas y están posicionadas como marca prémium, con un precio superior al del resto de marcas.

Pero el proceso de innovación de este ingeniero especializado en plásticos que trabajaba en la división de dispositivos médicos de Gore no fue un camino de rosas. Inicialmente sus esfuerzos se centraban en investigar el recubrimiento de los cables y engranajes de su bicicleta de montaña para mejorar la suavidad del cambio. En realidad no tenía ni idea de guitarras y ni siquiera había pensado en ello, pero sus esfuerzos dieron como resultado un proyecto llamado Gore Ride On, que finalmente fue cancelado por su falta de rentabilidad.

Después de este fracaso, Myers persistió y empezó a trabajar en la aplicación de este nuevo recubrimiento en los cables de grandes marionetas que se utilizaban en Disney World. Fue así como, pensando en diferentes aplicaciones, finalmente y después de saltar por diferentes ideas, dio con su aplicación en las cuerdas de guitarra.

ENTREVISTA
MIREIA TORRES MACZASSEK, DIRECTORA DE I+D+I DEL GRUPO TORRES Y DE LAS BODEGAS JEAN LEON Y TORRES PRIORAT; JOSEP BATET, PERSONAL DE DIRECCIÓN GENERAL, Y ENRIQUE BELDA, INNOVACIÓN EMPRESARIAL DE BODEGAS TORRES.

Mireia Torres forma parte de la quinta generación de la familia Torres y dirige la empresa vinícola Bodegas Torres (Miguel Torres, S.A.), fundada en 1870. Junto con su equipo, nos aporta su visión desde la perspectiva de una gran empresa pero que sigue manteniendo su carácter familiar, característica que comparte con la gran mayoría de compañías españolas. Torres representa un ejemplo de innovación que la ha llevado a ser reconocida en todo el mundo por su tradición, prestigio y reputación en un sector de carácter tradicional.

El cambio climático, las nuevas tecnologías, la globalización, el mundo se mueve a gran velocidad. ¿Cuáles son los principales retos a los que se enfrenta el sector y qué papel tiene la innovación en ellos? ¿En qué áreas concretas concentra Bodegas Torres sus esfuerzos para innovar?

Los principales retos a los que se enfrenta el sector vitivinícola actualmente, desde nuestro punto de vista, son el cambio climático y la incidencia de las nuevas tecnologías en el modelo de negocio.

El cambio climático supone una amenaza importante: según los escenarios más optimistas de los modelos predictivos (MAGRAMA 2013), el cambio de temperatura anual medio en las regiones del sur de Europa va a ser de 1,8º a 6º C en 2100 y van a disminuir las precipitaciones hasta un 20%. La consecuencia es una clara incidencia en el proceso de maduración de la uva que afecta negativamente a la calidad y tipicidad de los vinos.

Para enfrentarse a ello se están llevando a cabo estudios que evalúan qué variedades se adaptan mejor al cambio climático y se están desarrollando estrategias para contrarrestar la incidencia de determinadas plagas o enfermedades en el viñedo estudiando cambios productivos que mitiguen los efectos; por último, se ha establecido un compromiso ligado a la sostenibilidad del que cabe destacar el objetivo de reducción de un 30% por botella de la huella de carbono para 2020.

Respecto a la incidencia de las nuevas tecnologías, supone una gran oportunidad: a nivel productivo se están incorporando sensores en los procesos de producción que facilitan la adquisición de datos en continuo. El tratamiento de estos datos *a posteriori* mediante *big data* permite elaborar modelos predictivos que pueden suponer una optimización de los procesos o un ahorro de costes. A nivel comercial, gracias a las nuevas tecnologías se dispone de los medios que permiten conocer la opinión del consumidor, lo que posibilita detectar mejor las tendencias y favorecer el desarrollo y la expansión de nuevos modelos de negocio enfocados a comunidades de usuarios como la compra o el turismo *online*.

¿Cómo aplica Bodegas Torres los principios de la innovación abierta para colaborar e innovar junto con entidades externas como empresas emergentes, universidades, centros de investigación, competidores, etcétera?

Un claro ejemplo de colaboración con universidades y empresas ha sido el CENIT Deméter, liderado por bodegas Miguel Torres y financiado por el Centro para el Desarrollo Tecnológico Industrial (CDTI). Veintiséis empresas y treinta y un grupos de investigación españoles trabajaron conjuntamente de 2008 a 2012 para buscar soluciones en el sector y así hacer frente al cambio climático.

Otro ejemplo más reciente es el proyecto Cien Globalviti, donde ocho empresas lideradas por Bodegas Miguel Torres trabajan conjuntamente para mejorar la producción vitivinícola basándose en robótica, tecnología informática (IT) y estrategias biotecnológicas y de manejo del viñedo.

¿Qué técnicas destacaría para conseguir generar nuevas ideas o detectar nuevas tendencias que permitan desarrollar proyectos innovadores?

A nivel individual podemos aplicar técnicas sencillas en nuestro día a día que nos pueden ayudar a detectar nuevas ideas, como centrarnos en observar, cuestionarnos normas y creencias establecidas, fomentar la capacidad de conexión de ideas, cambiar la perspectiva (ver diferentes puntos de vista), utilizar el pensamiento lateral (ver diferentes aproximaciones a un mismo problema) o experimentar.

Grupalmente, para generar ideas sobre un reto específico o con un objetivo concreto utilizamos técnicas conocidas como la lluvia de ideas, SCAMPER o mapas conceptuales.

En Bodegas Torres una de las principales fuentes para generar ideas la constituyen los grupos de innovación transversales: personas con experiencia y perfiles distintos que trabajan conjuntamente para dar respuesta a retos estratégicos y operativos de la empresa. Por ejemplo, de uno de ellos se desarrolló una aplicación para captar ideas e información de mercado para el equipo de marketing y comercial principalmente.

Además, contamos con un banco de ideas donde todo el mundo puede participar, no sólo poniendo sus ideas, sino aportando o valorando las de los demás. En Torres pensamos que la suma de ideas, de diferentes puntos de vista, ayuda a producir y dar forma a ideas potentes.

En cuanto a las metodologías, utilizamos un modelo basado en el pensamiento de diseño (teniendo en cuenta las necesidades o cómo piensa el usuario) y seguimos los principios del *Lean Startup* para testear cuanto antes cualquier prototipo y llegar así al mercado con mayores garantías (funcionalidad y aceptación del consumidor).

¿El tamaño de una empresa puede jugar en contra de la innovación? ¿Cuáles son las principales barreras a la innovación dentro de una gran empresa y cómo ha logrado Bodegas Torres superarlas?

Normalmente cuanto mayor sea una empresa y más jerarquizada esté, mayores dificultades a la innovación habrá. Las principales barreras a la innovación que nos podemos encontrar en una gran empresa son:

- De tipo cultural, provocadas por resistencias al cambio. ¿Quién no ha escuchado frases como «esto siempre se ha hecho así» o pensamientos como «seguro que con el cambio tendré más trabajo»?

- De tipo organizacional: en empresas muy jerarquizadas y con muchos niveles de aprobación es difícil que las ideas tiren hacia adelante. Además, también intervienen las personas que integran la organización: sus aptitudes, su formación, su motivación, etc.

Por eso es muy importante saber transmitir desde Dirección que la innovación es importante en todos los niveles de la empresa y que todos desde sus puestos de trabajo pueden y deben contribuir. La implantación de una cultura innovadora y emprendedora tiene que comenzar y ser apoyada desde arriba por el equipo directivo.

En Bodegas Torres hemos puesto en marcha diferentes iniciativas para crear una cultura innovadora, por ejemplo, un blog donde se muestran innovaciones dentro del sector o casos de éxito (nuevos modelos de negocio) de empresas en otros sectores y un diccionario donde se explican las principales palabras, herramientas o metodologías en el mundo de la innovación.

Aunque históricamente ha habido departamentos como el técnico o marketing donde ya se había llevado a cabo R+D o innovación, estos últimos años el vehículo que más hemos utilizado para transmitir la cultura de la innovación es el de los grupos de innovación antes mencionados: durante el trabajo se les dan herramientas y metodologías que después pueden aprovechar en su día a día. Se acaban convirtiendo en los mejores embajadores para hacer calar la innovación en sus áreas.

Bodegas Torres se fundó en 1870. ¿Considera que la innovación es un factor determinante para la supervivencia de una compañía? ¿Podría nombrar alguna innovación clave en la historia de la empresa y su impacto?

Somos una empresa que crea ideas, que innova, que anima a su gente a asumir riesgos para conseguirlo y que cree decididamente en la cultura del conocimiento.

Uno de los cambios más importantes que llevó a cabo la tercera generación de la familia Torres fue la decisión de embotellar el vino en lugar de venderlo en barricas, lo que contribuyó al crecimiento de la exportación y a dotar de mayor valor añadido al producto.

Tras los inicios del embotellado se efectuó también otra innovación en el fomento del vino entre los consumidores. Fuimos pioneros en España en incorporar en las etiquetas una información pormenorizada en la que destaca, por supuesto, la cosecha. Este fue un factor clave en el crecimiento de productos como Viña Sol. El riesgo consistía en no poder vender la elaboración entera de una cosecha, con lo que de un año al otro ese vino hipotéticamente perdía valor para los consumidores, cuyo paladar nosotros mismos estábamos contribuyendo a educar.

En Torres hemos sido la primera bodega europea que invirtió en Chile en los setenta y colaboramos en la implantación de la fermentación a temperatura controlada con una notable mejora de la calidad.

En los años ochenta fuimos los primeros en la incorporación de determinadas variedades foráneas en el Penedés, así como en la implantación del emparrado de los viñedos y en variar el marco de plantación estándar estrechándolo hasta 2,20 m x 1 m.

El objetivo era, una vez más, que dicha medida revirtiera en la calidad de la uva.

En Bodegas Miguel Torres sabemos bien que no se logra un gran vino sin dedicar gran cantidad de horas a la investigación. Fruto de esta investigación son, por ejemplo, el Viña Esmeralda que sacamos a mediados de los setenta y, más recientemente, el Natureo, el vino sin alcohol.

En 1990 se hizo el primer proyecto de investigación formal de la mano del CDTI y a partir de aquí hemos estado involucrados en diferentes proyectos tanto nacionales como internacionales relacionados con la investigación en el mundo del vino.

Uno de los proyectos que cabe mencionar es la recuperación de variedades autóctonas catalanas, del que en 1996 nació el vino Grans Muralles, producido, entre otras, con la variedad garró, al que recientemente se ha incorporado la variedad querol. Fruto de este proyecto ya tenemos cuarenta y cinco variedades ancestrales recuperadas, de las cuales nueve han sido aprobadas y certificadas por el Ministerio de Agricultura.

Desde 2013 Torres ha hecho una apuesta fuerte por innovar de forma sistemática para dar respuesta a problemas y oportunidades y diferenciarse en un entorno cada vez más competitivo. Para ello, hemos creado la Plataforma Innova con el objetivo de fomentar la cultura de la innovación y recoger de forma transversal todas las aportaciones de sus trabajadores.

En un sector donde muchas veces el consumidor final valora tanto la tradición, esto puede convertirse en una barrera a la innovación. ¿Se apuesta suficiente por la innovación disruptiva? ¿Podría poner un ejemplo?

En un sector tradicional como el del vino es normal que no haya tanta disrupción como en otros, por ejemplo, el tecnológico, dado que el mercado no lo demanda con tanta fuerza. Igualmente, con la entrada de nuevos consumidores con diferentes perspectivas se ven en el sector propuestas disruptivas que hace quince o veinte años no hubiéramos imaginado, como vino en lata, vino azul, etiquetas con fotos de personas o nombres de animales, máquinas dispensadoras de vino, etc.

Por lo tanto, se tiene que seguir apostando por la innovación disruptiva porque los nuevos consumidores quieren conocer y disfrutar del producto de forma diferente a como lo han hecho las generaciones anteriores. Los *millennials* y las generaciones futuras valoran más la experiencia que sienten al tomar el producto que el producto en sí, lo que obliga a replantearse, a veces con propuestas disruptivas, la forma de llegar a ellos.

Como ejemplo de propuesta disruptiva, en Bodegas Torres tenemos nuestro vino Natureo, el primero sin alcohol del mercado español, cuyo caso se estudia en escuelas de negocio.

El proceso de producción fue innovador, ya que partíamos de un vino blanco normal (fermentado y aromático) y mediante una destilación en condiciones de vacío y baja temperatura (30º C) conseguíamos una desalcoholización sin perder los aromas originales del vino.

El nuevo producto creaba una nueva categoría: iba destinado a un público objetivo *(target)* principalmente femenino, entre treinta y cinco y cincuenta años, que se preocupaba por su cuidado y por mantener una vida saludable (tiene la mitad de calorías respecto a otro vino). Asimismo, daba respuesta a momentos concretos como poder conducir después de una cena o celebración, ser apto para quienes no toleran bien el alcohol, poder tomar más de una copa sin miedo a que siente mal, etcétera.

¿Más allá del ROI existen otras métricas que deben tenerse en cuenta para valorar los esfuerzos realizados en innovación? ¿Cómo se consigue un buen equilibrio entre resultados a corto plazo e innovación? ¿Cómo mide Bodegas Torres los resultados de su esfuerzo en innovación?

A nivel global, y como la mayoría de las empresas, para medir la evolución de la innovación o el emprendimiento corporativo los indicadores que más utilizamos son:

- Porcentaje de ventas o ahorro de costes con nuevos productos, servicios o procesos.

- Porcentaje de presupuesto en I+D+I comparado con el sector o competidor más emprendedor.

- Número de patentes en cartera y su evolución histórica.

A nivel individual por proyecto, los indicadores que usamos son:

- Facturación generada por productos de innovación.

- Reducción del riesgo.

- Mejora de la sostenibilidad.

- Patentes/*royalties*.

- Artículos técnicos publicados.

- Orientación al mercado.

- Subvención y ahorro de intereses de crédito/gasto (porcentaje).

- Valor de prensa.

Igualmente pensamos que para fomentar el emprendimiento corporativo también es importante medir dentro de la empresa el grado de cultura de la innovación, así como el nivel de formación y las actividades.

Conclusiones

La palanca 4, que resulta clave, es la puesta en marcha, la ejecución, conseguir convertir el proyecto en una realidad. La innovación supone la combinación de invención y comercialización, siendo la última parte la más crítica y la que creará el impacto y materializará los resultados. La salida al mercado, convertir un proyecto en realidad y pasar de lo abstracto a la dureza del mercado mediante una ejecución rápida y eficaz resulta fundamental para alimentar la viabilidad de todo el sistema. Si nuestro proyecto no llega al mercado por su definición, también la ejecución interna desempeñará un papel fundamental para el éxito. Al final quienes ejecutan son las personas, por lo que los inversores invertimos en personas y no en proyectos.

En esta palanca hay tres factores críticos para llegar al éxito: las ventas, el equipo y la tesorería. En nuestra participación en consejos y en el asesoramiento en la instauración de programas de intraemprendimiento siempre recomendamos validar cuanto antes que existe un cliente dispuesto a pagar por nuestra oferta, que disponemos de un equipo capaz de pilotar la iniciativa y capacitado para acometer el crecimiento proyectado y que gestionamos minuciosamente la tesorería para evitar las clásicas tensiones del crecimiento.

En esta fase hemos de estar dispuestos a dejar que nuestro proyecto abandone «el nido» y vuele solo. Debemos evaluar los costes de seguimiento y control en pro de liberarlo del corsé corporativo para que tenga mayores rendimientos. En organizaciones que adoptan el intraemprendimiento por primera vez, superar «el síndrome del nido vacío» constituye una lección vital en su maduración hacia una cultura emprendedora fundamentada en la confianza y la libertad.

PALANCA 5
EL CUADRO DE MANDO

CON ESTA PALANCA SE CONSIGUE:

- Definir los indicadores efectivos para controlar, gestionar, evaluar y mejorar nuestro modelo de emprendimiento corporativo.

- Aflorar información muy relevante que conlleva muchos beneficios: comunicar, detectar valor, asegurar el cumplimiento de objetivos y ayudar a tomar decisiones.

- Hacer un seguimiento de la evolución en el tiempo no sólo de elementos cuantitativos, sino también de aspectos cualitativos, como el cambio de actitud o cultural.

«Si puedes medirlo, podrás gestionarlo».

Cuadro P5.1 Palanca 5: el cuadro de mando

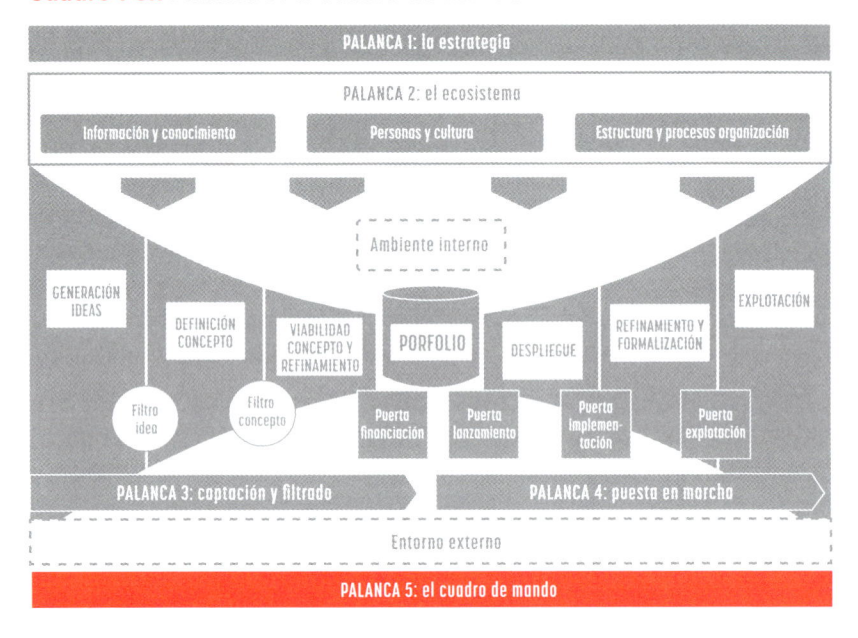

La misión del cuadro de mando

Ya hemos visto cómo el emprendimiento corporativo es una eficaz fuente de innovación corporativa. A pesar de que la importancia de la innovación se ha reconocido ampliamente, siempre se ha considerado una «caja negra» en la que muchas de las herramientas de gestión tradicionales no se han podido aplicar, en parte porque estamos hablando de una disciplina «nueva» en comparación con la historia y la tradición de otras áreas funcionales, como el marketing o las operaciones.

La actividad de emprendimiento corporativo debe alinearse con la estrategia corporativa y generar valor para la organización de manera continuada y sistemática. Como cualquier otro proceso en la empresa, también requiere medirse y, por tanto, gestionarse. Sin embargo, a pesar de que cualquier directivo estaría de acuerdo, la realidad empresarial resulta muy distinta: nuestra experiencia demuestra que pocas compañías disponen de sistemas de medición de sus programas de innovación.

Debemos ser capaces de analizar y mostrar el impacto del emprendimiento corporativo en la rentabilidad de la empresa de manera objetiva. Existen múltiples estudios que demuestran que las organizaciones que innovan y tienen prácticas de emprendimiento corporativo obtienen mejor rendimiento y resultados superiores, pero la mayoría de dichos estudios se basan en encuestas con conceptos de innovación demasiado amplios. No olvidemos que uno de los mayores retornos de estos programas es el cambio de actitud, el cambio cultural, abrir la mente, la ilusión por participar, el compromiso, la pasión, aspectos cualitativos que forman parte del proceso y que también han de medirse.

En este capítulo aprenderemos los principios básicos para armar un cuadro de mando, entendido como un conjunto de indicadores clave que aportan una visión comprensible del conjunto y permiten realizar un seguimiento del proceso de emprendimiento corporativo que hemos diseñado siguiendo las palancas anteriores. Este cuadro mide el rendimiento y ayuda a tomar decisiones. Además, con él podremos demostrar de forma analítica los beneficios del emprendimiento corporativo, por ejemplo, al presentar los resultados en nuestro consejo de administración, así como a toda la organización. Es importante diseñar un sistema justo y fiable de reconocimiento que permita demostrar el éxito de esta nueva actividad.

La utilidad y el valor de la palanca 5, el cuadro de mando, son claros:

- Comunicar la estrategia a todos los miembros de la compañía.
- Detectar el valor que crean los proyectos de innovación.
- Alinear los proyectos con los objetivos estratégicos de la empresa.
- Detectar relaciones causa-efecto para identificar fuentes de beneficio.
- Proveer un marco de gestión táctica de proyectos innovadores.

- Identificar los departamentos y a las personas más innovadoras en la corporación.

- Incentivar al equipo a que cada uno sea más innovador en su día a día.

Alcance y requerimientos previos

La eficacia de nuestro sistema de medición viene dada por su capacidad de convertir las declaraciones en acciones concretas. Como consecuencia, debe estar alineado con la misión y la estrategia corporativa, así como tener en cuenta los objetivos corporativos. Es muy importante poder demostrar cómo contribuye esta actividad a la consecución de los objetivos y a plasmar la estrategia.

Ha de ser de alcance amplio, ir más allá del puro resultado financiero, incluyendo la satisfacción del cliente, la optimización de procesos, la contribución al crecimiento y cómo potencia el aprendizaje y el desarrollo de la organización.

Otro requerimiento clave es la coherencia interna de todo el modelo para que resulte completo y razonable. En definitiva, la potencia de nuestro cuadro de mando la determinan sus indicadores, que tienen que cubrir tres áreas clave:

1. **Causas y efectos:** debemos definir indicadores de causa y de efecto. Los primeros miden nuestra actividad para lograr un resultado y los segundos el resultado obtenido y permiten comparar con el objetivo.

2. **Acciones motivadoras:** hay que detectar los indicadores de causa que son motivadores porque inyectan energía e ilusión. Suponen un elemento crucial de seguimiento y comunicación en multitud de programas, actividades o campañas internas vinculados a nuestros programas de emprendimiento corporativo.

3. **Impacto en la cuenta de resultados:** el reto del emprendimiento corporativo es convertir ideas en negocio impactando económicamente. Resulta vital generar valor para todos los grupos de interés y contribuir a reforzar la ventaja competitiva.

El cuadro de mando será óptimo cuando cumpla los cuatro requisitos siguientes:

1. **Mínimo:** el número de indicadores debe ser el mínimo indispensable para hacer un seguimiento del rendimiento del emprendimiento corporativo.

2. **Completo:** los indicadores han de cubrir toda la cadena del proceso de emprendimiento corporativo de nuestra compañía, según hemos visto en las palancas 4 (puesta en marcha) y 5 (cuadro de mando).

3. **Relevante:** han de aportar una información verdaderamente importante y clave para el éxito del proceso; no debemos incluir indicadores redundantes.

4. **Operativo:** los indicadores tienen que ser relativamente sencillos y fáciles de calcular, nutrir y actualizar. A la larga un exceso de complejidad y esfuerzo para realizar su mantenimiento resulta contraproducente y pueden caer en el abandono.

Indicadores que funcionan

El cuadro de mando se compone de indicadores, por lo que una de las claves será cómo los diseñamos, priorizamos y organizamos y cuántos seleccionamos.

Un indicador es una medición que calibra el comportamiento y el desempeño de un proceso determinado comparándolo con un objetivo alertando de las desviaciones y alimentando la toma de decisiones.

No sólo debemos considerar el rendimiento económico, sino también los aspectos más cualitativos, como el cambio de mentalidad, actitud y clima laboral, sobre todo en programas en los que no es tan importante el resultado sino el proceso y la vivencia por el que pasan los participantes. Ante la constante ansia de nuestros clientes por medir el cambio cultural, en Active Development hemos desarrollado un sistema de evaluación del comportamiento natural de las personas que nos permite analizar la evolución en la actitud de los participantes en estos programas.

Nuestra recomendación en el caso del proceso de emprendimiento corporativo es seleccionar un máximo de dieciséis indicadores, que deben dar cobertura amplia a la actividad según el ámbito financiero, la satisfacción del cliente y el proceso o el desarrollo de la organización/del aprendizaje. Un número excesivo hará confuso el desarrollo de la estrategia y muy costoso su control y actualización.

Algunas características clave que han de tener los indicadores son:

- Estar vinculados a los objetivos para medir su grado de consecución.

- Ser cuantificables.

- Resultar rentables (el beneficio de su uso tiene que superar el coste de obtención).

- Poder compararse en el tiempo.

- Ser fiables, dar confianza sobre su validez.

- Resultar fáciles de mantener y utilizar.

- Tener compatibilidad entre ellos, sin interferencias mutuas.

Existen múltiples tipologías de indicadores, que deben ser adaptados a nuestro caso específico según el diseño de nuestro proceso y el circuito de emprendimiento corporativo. Podemos clasificarlos en las siguientes categorías:

- **Entradas *(inputs):*** miden el consumo de los recursos que nutren el proceso.

- **Eficiencia:** miden los recursos (entradas) en relación con la consecución de un determinado resultado (salidas [outputs]).
- **Eficacia:** miden resultados.
- **Calidad:** miden resultados basándose en patrones fijados normalmente por el cliente.
- **Impacto:** miden los efectos directos o indirectos en relación.

Cuadro P5.2 Tipos de indicadores

Indicador	Tipo	Forma de cálculo	Información
Financiero			
Coste-beneficio del emprendimiento corporativo	Económico	Ingresos o ahorro de costes de los proyectos/inversión realizada.	Es la rentabilidad de la inversión.
Inversión disponible	Económico	«Combustible» disponible para impulsar la innovación.	Se basa en el consumo del presupuesto disponible.
Porcentaje de tiempo dedicado al emprendimiento corporativo	De eficiencia	Horas de proyectos de innovación/horas de oficina (excluidas las comerciales).	Es un indicador clásico en procesos de innovación.
Clientes			
Grado de novedad	De calidad	Índice de novedad en la evaluación interna.	Mide cómo de nueva es la solución en el mercado. Incorporó indicadores ya existentes en la organización.
Índice de proactividad	De eficacia	Número de test en el mercado: validación de hipótesis, prototipos, etc. Acciones que involucren al cliente.	Se denominó «proactividad» para incentivar a los equipos a «salir a la calle» y hablar con los clientes.

Aportación de valor	De calidad	Índice de valor para el cliente en los test.	Mide cuánto «le duele» al cliente el problema o la necesidad que se quiere solucionar o satisfacer. Se puede crear un índice específico para medirlo y obtenerlo cuando validamos la solución en el mercado interactuando con los clientes.
Proceso			
Insights	De eficiencia	Número de *insights*.	Un *insight* es la primera entrada del proceso de innovación, normalmente referenciada al cliente, y se basa en la comprensión de creencias, hábitos, motivos y emociones del cliente que delatan oportunidades y abren vías de innovación.
Oportunidades/procesos/proyectos/otros	De eficacia	Número total.	Es una medida de rendimiento que cuantifica el total de proyectos que van entrando en cada parte del itinerario en sus fases de palanca 3 (captación y filtrado) y 4 (puesta en marcha).
Impacto en mercado	De eficacia	Número de proyectos que se monetizan.	Es una medida directa de la materialización de los proyectos, sea mediante ingresos o puesta en marcha y ahorro de costes.

Velocidad del Emprendimiento Corporativo	De eficiencia	Tiempo medio del circuito de emprendimiento corporativo.	Es el tiempo que tarda un proyecto en madurar, desde el *insight* o idea hasta su puesta en marcha y la obtención de resultados.
Aprendizaje			
Capacidad de detección de necesidades	De eficiencia	Número de *insights*/número de participantes.	Mide cómo de despiertos son los participantes en su capacidad para detectar *insights*.
Índice de generación de ideas	De eficiencia	Ideas generadas/número de participantes.	Mide la capacidad creativa y de generación de ideas.
Capacidad de orientación al mercado	De eficiencia	Número de proyectos que se monetizan/número de participantes.	Mide la capacidad de impactar en el mercado entre los participantes.
Espíritu emprendedor	De eficiencia	Puntuación de la cultura de los empleados si se dispone de una encuesta de clima o a través de nuestro Sistema ADA, que permite hacer «fotos» del perfil de los participantes y compararlo a través del tiempo.	Aunque se trata de una medida cualitativa, es crucial medir el impacto cultural y el cambio de actitud.

En cualquier caso, medir la efectividad del emprendimiento corporativo fundamentándose en criterios tradicionales del retorno sobre la inversión (ROI, del inglés *Return On Investment*) puede ser muy contraproducente e injusto porque muchas acciones que se desarrollan en un proceso de emprendimiento corporativo pueden tener un efecto a medio/largo plazo o resultar difícilmente cuantificables con estos parámetros.

Por otro lado, cuando se establece un indicador es bueno cuestionarse sus aspectos positivos y negativos y sus limitaciones.

EJEMPLO
CUADRO DE INDICADORES BASADO EN UN CASO REAL

Un ejemplo de indicadores basado en un caso real de una empresa en un sector muy dinámico es este que presentamos. Los indicadores se pueden evaluar en función de las prioridades corporativas utilizando una herramienta en la que se puntúa cada indicador basándose en los ejes estratégicos. Se puede hacer a modo individual o grupalmente. El resultado es una tabla como la siguiente, en la que quedan los indicadores puntuados y que permite escoger los más importantes:

Indicador	Importancia	Facilidad de medición	Comprensión	Vinculación con estrategia	Puntuación total
Financiera					
Coste-beneficio del emprendimiento corporativo	9	2	9	8	28
Inversión disponible	6	10	9	2	27
Porcentaje de tiempo dedicado al emprendimiento corporativo	10	8	9	8	35
Clientes					
Grado de novedad	7	8	9	6	30
Índice de proactividad	10	6	8	7	31
Aportación de valor	9	2	6	9	26

Proceso					
Insights	7	8	8	6	29
Oportunidades/procesos/proyectos/otros	7	9	8	5	29
Impacto en el mercado	7	6	9	7	29
Velocidad del emprendimiento corporativo	3	8	10	8	29
Aprendizaje					
Capacidad de detección de necesidades	9	9	9	7	34
Índice de generación de ideas	9	7	3	7	26
Capacidad de orientación al mercado	7	8	9	6	30
Espíritu emprendedor	9	5	9	10	33

En este caso podemos apreciar que los indicadores que mayor puntuación han obtenido según la tabla anterior son:

- Porcentaje de tiempo dedicado al emprendimiento corporativo: 35 puntos.

- Capacidad de detección de necesidades: 34 puntos.

- Espíritu emprendedor: 33 puntos.

- Índice de proactividad: 31 puntos.

- Grado de novedad: 30 puntos.
- Capacidad de orientación al mercado: 30 puntos.

De manera similar, también podemos evaluar el grado de alineación estratégica. Cada indicador se puede evaluar basándose en cada eje estratégico según si se cumple una correlación alta (A), media (M) o baja (B). Siguiendo con nuestro ejemplo, quedaría un cuadro como el que sigue:

Indicador	Ser la primera opción en la mente del cliente	Ganar cuota de mercado	Reforzar la propuesta de valor	Mejorar la fidelidad del cliente	Potenciar al cliente
Financiera					
Coste-beneficio del emprendimiento corporativo	🔴	⚪	⚫	⚫	⚫
Inversión disponible	⚪	⚪	⚪	⚪	⚪
Porcentaje de tiempo dedicado al emprendimiento corporativo	⚪	⚪	🔴	🔴	⚫
Clientes					
Grado de novedad	🔴	⚪	⚫	⚪	⚪
Índice de proactividad	🔴	⚫		⚪	
Aportación de valor	🔴	🔴	🔴	⚫	⚫
Proceso					
Insights	⚫	⚫	🔴	⚫	⚫

Indicador	Ser la primera opción en la mente del cliente	Ganar cuota de mercado	Reforzar la propuesta de valor	Mejorar la fidelidad del cliente	Potenciar al cliente
Oportunidades/procesos/ proyectos/ otros	🔘	🔘	🔘	🔘	🔘
Impacto en el mercado			🔴		
Velocidad del emprendimiento corporativo	🔘	⚫	🔴	⚫	⚫
Aprendizaje					
Capacidad de detección de necesidades	⚫	🔘	🔴	🔘	🔘
Índice de generación de ideas	🔘	🔘	🔘	🔘	🔘
Capacidad de orientación al mercado	🔴	🔘	🔴	🔘	🔘
Espíritu emprendedor	⚫	⚫	⚫	🔴	⚫

🔴 Correlación alta   ⚫ Correlación media   🔘 Correlación baja

Tan importantes son los indicadores como los objetivos. Recordemos que, en el momento de fijar objetivos, deben ser:

- Medibles, para obtener el grado de consecución.

- Alcanzables, por tanto, realistas.

- Desafiantes, es decir, comprometedores.

- Involucradores del equipo.

- Asequibles mediante planes de actuación.

Visualizar el cuadro de mando

Una vez definidos los indicadores y los objetivos, podemos visualizar el cuadro de mando integrándolos en un panel gráfico y completo que permita hacerlo comprensible y fácil de entender. Esto nos permitirá establecer prioridades, aumentar su usabilidad y destacar las alertas clave. Se convierte en una herramienta operativa, funcional y directa. Siguiendo con nuestro ejemplo, una muestra real sería la siguiente:

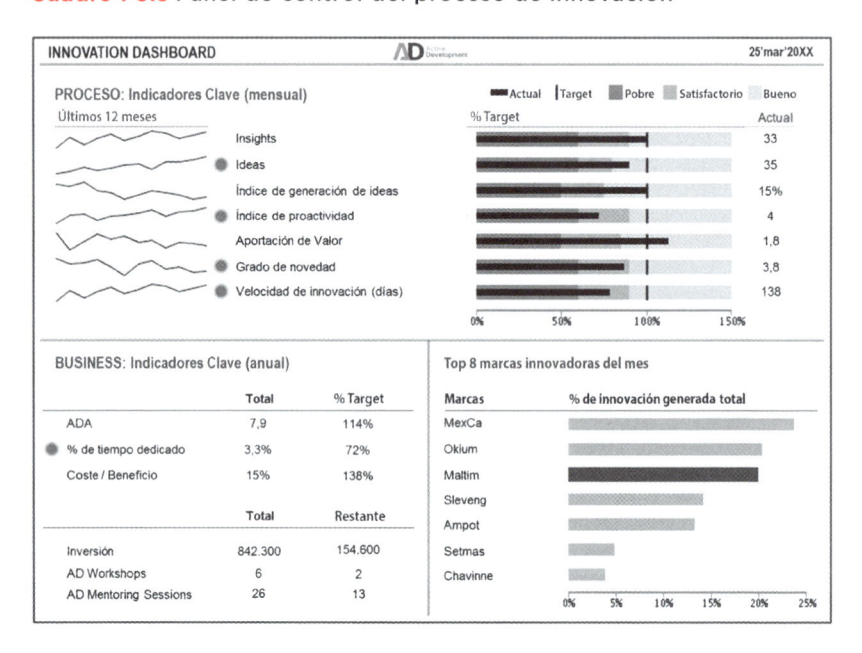

Cuadro P5.3 Panel de control del proceso de innovación

Implementar el cuadro de mando

En la puesta en marcha debemos ver en detalle los métodos para medir cada indicador y establecer quiénes son los responsables de la medición, que muchas veces se centran en un coordinador que recibe los datos de diferentes unidades o departamentos.

Los plazos en los cuales se «refrescarán» los datos son fundamentales porque determinan el nivel de supervisión e influyen en la determinación de las reuniones en las que se tomarán las decisiones basándose en la evolución y el rendimiento del proceso de emprendimiento corporativo. Por tanto, resulta crítico establecer la responsabilidad de la actuación y la dirección de todo el proceso, así como levantar acta y hacer un seguimiento de las decisiones, los cambios y su impacto.

La asignación de recursos para la implantación y el mantenimiento del cuadro de mando se realiza una vez se ha diseñado y se afina cuando se ha puesto en marcha. Como todo procedimiento, tiene un ciclo de aprendizaje y optimización a medida que se va trabajando con el cuadro.

Una vez validado y en funcionamiento regular, podemos llevar estos indicadores a otros ámbitos, como el de los incentivos personales de los participantes en el emprendimiento corporativo, como veíamos en la palanca 2 (ecosistema).

La comunicación de los resultados

Las organizaciones tienen una tendencia natural a despreciar la comunicación interna y a restringir la información que llega a las diferentes capas de la empresa. Establecer qué comunicar, a quién y cómo es crítico. La información del cuadro de mando se concibe inicialmente como dirigida a los ejecutivos de la empresa para que puedan tener una visión general de qué se está haciendo, medir rendimientos y tomar decisiones preventivas o correctivas.

Basándonos en nuestra experiencia, consideramos que la actividad de emprendimiento corporativo brinda una oportunidad excelente para enviar un mensaje a la compañía de interés hacia la innovación, de cambio y evolución. Por ello recomendamos diseñar muy bien los mensajes que se van a enviar a toda la organización adaptando el formato y el detalle a las necesidades específicas de cada nivel: desde proveer detalle táctico a participantes específicos hasta información general, objetivos alcanzados o próximos hitos como mensaje general a toda la empresa en pro de difundir y promover el espíritu emprendedor. El cuadro de mando aflora información muy interesante, pues pone de manifiesto el cambio de mentalidad, la mejora de los resultados y el impacto de la innovación.

Las compañías deben comunicar con transparencia motivando e incentivando a los participantes. Sostener los niveles de motivación y participación es la base del funcionamiento del sistema, que alimentan nuestro «embudo» con ideas que pueden surgir de cualquier rincón de la empresa.

Tendencias de futuro y *big data*

La medición y la creación de sistemas de medición de la innovación es una clara tendencia de futuro todavía por explotar. Vivimos en una etapa donde la facilidad que nos proporciona la tecnología para capturar y tratar datos de forma masiva *(big data)* ha empezado a crear una necesidad de medirlo y controlarlo todo. Asociado a este fenómeno aparecen nuevos perfiles profesionales más específicos y especializados en el tratamiento de datos que ayudan analizarlos con rigor. Tener la posibilidad de medirlo todo es una tendencia que de forma transversal se empieza aplicar a todos los departamentos de la organización y que nos brinda una oportunidad de mejorar.

Esta nueva cultura de gestión enfocada a los datos nos aportará en el área de la innovación la oportunidad de establecer sistemas de revisión y mejora continua de nuestros procesos internos.

ENTREVISTA
IVAN BOFARULL, DIRECTOR DE GLOBAL INSIGHTS & STRATEGIC INITIATIVES EN ESADE BUSINESS SCHOOL.

Ivan Bofarull es auténtica pasión por la innovación. Como él mismo dice, «Mi sueño es hacer un mundo mejor a través de la educación y la innovación».

Ivan es director de Global Insights & Strategic Initiatives en ESADE Business School. Global Insights busca comprender y sistematizar macrotendencias globales, innovaciones disruptivas, tecnologías exponenciales, que tienen un impacto en la educación empresarial y en la estrategia empresarial en general. Strategic Initiatives representa un catalizador de la innovación que busca nuevas iniciativas, alianzas estratégicas y colaboraciones para transformar la forma en la que se imparte la educación en la Escuela Superior de Administración y Dirección de Empresas (ESADE) dentro de un contexto de aprendizaje y cambio permanente.

La ESADE es una institución académica con más de cincuenta años de historia que ofrece enseñanza en dirección de empresas y leyes y se encuentra entre las diez mejores escuelas de negocios de Europa.

Mutar hacia organizaciones más flexibles, proactivas y rápidas parece la receta universal del éxito empresarial del próximo milenio. ¿Cree que está en la agenda de los primeros ejecutivos de las empresas españolas? ¿Entienden que llevarlo a cabo pasa inevitablemente por tener carácter emprendedor independientemente de su tamaño?

Sí, creo que indudablemente este es el tipo de transformación que está en la agenda de los primeros ejecutivos y son conscientes de ello. Sin embargo, no está tan claro que sepan cómo implementarla: el día a día les lleva a otro tipo de incentivos que nada tienen que ver con la transformación de la organización. El sistema inmunitario de cualquier gran empresa es muy potente y capaz de fagocitar nuevas iniciativas cuando amenazan el *statu quo,* «silos» organizativos y procesos clave. Aprendí esta idea del sistema inmunitario de John Hagel, quien lidera el centro de Deloitte en Silicon Valley, y cada vez la veo más reflejada en todo tipo de organizaciones. Un ejemplo muy conocido de cómo combatir este sistema inmunitario interno es el caso de Amazon, donde Jeff Bezos ha implantado el Institutional Yes, una cultura en la que no se puede decir que no a nuevos proyectos a no ser que el rechazo sea argumentado mediante un informe. Por otro lado, a pesar de que la innovación y la emprendeduría están en la agenda de los CEO, creo que en muchos casos su aproximación resulta muy poco auténtica. Suelen repetir lo que ven en otras partes, son muy «miméticos» y están muy enfocados al producto. Hay pocos casos en los que realmente veas que haya habido un ejercicio de profundizar en la historia de la empresa, en su ADN, en su relato particular y en la conexión auténtica con sus clientes, en el «ser» más que en el «hacer». Finalmente, creo que la mayoría de las empresas son poco eficientes precisamente porque en lugar de transformarse para ser más ágiles siguen con sus mismos procesos, «silos» y estructuras, aunque dedican presupuestos desorbitados a un departamento de innovación, a un programa de emprendimiento corporativo o a la compra de varias empresas emergentes. Esta aproximación puede ser eficaz de forma aislada, pero resulta poco eficiente y, sobre todo, es poco inspiradora para compañías de menor tamaño, con menos recursos.

El mundo académico vive una etapa de cambio sin precedentes con la aparición de nuevos soportes y canales, plataformas que agregan y difunden la educación con modelos de negocio disruptivos o la rápida digitalización del conocimiento. ¿Cuáles son los principales retos a los que se enfrenta ESADE Business School como una de las escuelas de negocio de referencia internacional? ¿Qué papel tendrá la innovación en ellos?

Todo el sector de la educación superior y sin duda de las escuelas de negocios se enfrenta a retos apasionantes. En primer lugar, la digitalización ha hecho que lo que antes tenía carácter «propietario», el conocimiento, ahora sea accesible y abundante. Este simple hecho tiene implicaciones espectaculares en cuanto a la redefinición del rol del profesor y, en cascada, hasta la propia definición de cómo debe ser una clase o un curso. Peter Diamandis, de Singularity University, lo explica muy bien con su teoría de las «D's», en la que define una secuencia que va de la digitalización de la información a su democratización y finalmente termina en la «desmonetización». En segundo lugar, la digitalización ha acelerado el metabolismo de la economía y la sociedad, de manera que hoy ya no podemos estudiar tres o cuatro años, «graduarnos» en un ámbito concreto y no volver ya a la universidad. El que fuera director del Palo Alto Research Park, John Seely Brown, dice que el promedio de vida de una habilidad *(skill)* ha descendido de veinte años a menos de cinco en la actualidad. Hoy necesitamos aprender y desaprender continuamente, durante toda la vida, y queremos hacerlo de la forma más flexible y personalizada posible. Este es sin duda uno de los ámbitos donde la tecnología presenta un rol más destacable en la educación, ya que representa la palanca que permite la «personalización masiva», fundamentalmente a través de herramientas de inteligencia artificial. Finalmente, tenemos que constatar que el aprendizaje siempre ha tenido un componente individual y otro social y la tecnología permite optimizar el primero pero también escalar el segundo. Hoy podemos aprender de nuestros «pares» como nunca antes a través de plataformas tecnológicas. ESADE lanzó hace pocos meses la iniciativa Student First, que ha logrado movilizar al conjunto de la comunidad. Student First es la reinvención del modelo pedagógico teniendo en cuenta los supuestos anteriores. Decimos que el estudiante «es lo primero» o, dicho de otro modo, «está en el centro» porque en un mundo de conocimiento abierto, descentralizado y desintermediado y de aprendizaje continuo el centro es el sujeto que aprende, no la institución que «imparte».

¿Cómo trabaja la innovación internamente ESADE? ¿Se dispone de unidades específicas? ¿Cómo se organizan? ¿Existen programas que fomentan la innovación en toda la estructura de la empresa de manera transversal?

Personalmente no creo en «titulares» acerca de cómo se trabaja la innovación en una organización y tampoco creo demasiado en departamentos o áreas de innovación. La innovación es un viaje, un itinerario, y contiene muchos matices. ESADE es una organización que tiene la innovación en su ADN porque fue fundada en los años cincuenta por un grupo de emprendedores catalanes y el apoyo decisivo de la Compañía de Jesús y su objetivo no era sólo formar sino transformar la sociedad y la empresa. Por lo tanto, no se limitaban a transmitir conocimientos, sino a inspirar mediante experiencias de aprendizaje de las que se pudieran extraer habilidades como el pensamiento crítico y valores sólidos como la reflexión sobre el impacto de la empresa en su contexto social. Por otro lado, debido a un enfoque eminentemente práctico, la empresa y las organizaciones siempre han estado en el centro de la actividad y la manera de hacer de ESADE, para lo cual la agilidad, la flexibilidad y la capacidad de adaptación han sido clave. Yo he trabajado en Estados Unidos y puedo constatar que la capacidad de iniciativa emprendedora tanto del *faculty* como del *staff* directivo en ESADE es muy superior a la de la mayoría de las universidades americanas y la raíz de esta diferencia es sin duda este ADN basado en la aplicación práctica y en querer cambiar el *statu quo* de las cosas para tener un impacto positivo en la sociedad. Este nivel de iniciativa y flexibilidad tiene como contrapartida que genera organizaciones en tensión creativa permanente y que tienden en ocasiones a la dispersión, motivo por el cual resulta fundamental tener clara una hoja de ruta de hacia dónde se va. También es necesario crear pequeñas rutas, caminos sistematizados sobre cómo tratar las ideas y la creatividad. Larry Keeley, presidente del Dublin Institute de Chicago, siempre ha escrito que la innovación no suele fallar por falta de creatividad, sino por falta de sistematización y eficiencia. En este sentido creo que ESADE es una «holacracia» imperfecta, con muchos equipos pequeños y autónomos, donde las ideas pasan por pequeñas «cribas», se pulen, se testan. Son células dentro de las cuales hay sistematización y muchísima eficiencia.

¿El tamaño de una empresa puede jugar en contra de la innovación? ESADE es una institución académica intensiva en conocimiento con una organización compleja. ¿Cuáles son

las principales barreras a la innovación y cómo ha logrado ESADE superarlas?

Imagínate si es compleja, que en ESADE, a diferencia de en la mayoría de las organizaciones, conviven distintos modelos de negocio bajo un mismo paraguas. Tenemos a centenares de estudiantes de todo el mundo que a los dieciocho años vienen a estudiar un Grado de cuatro años en ESADE; para ellos esta es una experiencia de maduración personal, así como un medio para obtener un pasaporte para su vida profesional. En cambio, en un ámbito radicalmente distinto, decenas de empresas acuden cada año a nuestra escuela de negocios para encontrar soluciones personalizadas a problemáticas concretas que tienen que ver con su estrategia corporativa o sus necesidades de formación. Se trata de modelos, incentivos y estructuras completamente distintos, pero precisamente la convivencia de modelos fortalece a ESADE. Las soluciones para empresas pueden inspirar la evolución de los contenidos en un programa de Grado, mientras que la habilidad para realizar *crowdsourcing* de ideas a través de un *Challenge* o un *Student Competition* puede inspirar soluciones para retos concretos que las empresas plantean. Vivir en la complejidad es tremendamente interesante porque en lugar de instalarte en el pensamiento lineal estimula el descubrimiento de caminos y trazados menos previsibles y esto es una gimnasia diaria para la innovación.

¿Cómo ha integrado ESADE los principios de la innovación abierta? ¿De qué forma colabora con empresas emergentes, organizaciones u otras empresas externas? ¿Qué pueden aportar? ¿Cuáles son las claves para establecer una relación beneficiosa para ambas partes?

El padre de la innovación abierta, Henry Chesbrough (Berkeley), mantiene una estrecha relación con ESADE. Es profesor visitante y organizó con nuestra escuela de negocios la última World Open Innovation Conference. ¡Colaborar con Henry es un privilegio y una forma muy explícita de integrar la innovación abierta! Me gustaría enlazar esta pregunta con la anterior. En ESADE se trabaja cada vez más con modelos de pedagogía activa, donde se aprende a partir de proyectos y retos. Los retos los suelen plantear organizaciones externas a la escuela o empresas. Por ejemplo, el Consejo Europeo para la Investigación Nuclear (CERN), la institución de investigación física más importante del mundo, que alberga el gran «acelerador» de partículas, es uno de nuestros colaboradores estratégicos. El CERN presenta cada año a alumnos de MBA de ESADE el reto de encontrar modelos de negocios viables para sus invenciones. El Bulli Foundation (Ferran Adrià) colabora con alumnos de la escuela en un reto sobre el proceso creativo y la eficiencia en la innovación. Un número de empresas acuden a las aulas de ESADE con retos que son relevantes para su crecimiento y sostenibilidad. Al mismo tiempo, el rol que los antiguos alumnos desempeñan en el proceso de aprendizaje es cada vez más relevante. En un mundo de conocimiento cada vez más abierto y menos «propietario», los estudiantes y participantes prefieren cada vez más aprender de sus «pares», de sus aprendizajes personales a través de la aplicación de modelos en la práctica. Pongo estos ejemplos para ilustrar que la innovación abierta está presente en el modo de operar de la escuela de forma natural, ya que la colaboración entre ESADE y la empresa y sus antiguos alumnos es permanente y hasta me atrevería a decir que una escuela como ESADE ya no es hoy un conjunto de programas, sino que se asemeja más a una auténtica plataforma de aprendizaje continuo con diferentes actores (estudiantes o participantes, empresas, antiguos alumnos, profesorado y colaboradores académicos con distintos perfiles) que configuran un ecosistema en el que tiene lugar la experiencia educativa.

¿Cómo se consigue un buen equilibrio entre resultados a corto plazo e innovación? ¿Existe mucha presión interna para conseguir resultados inmediatos? ¿Se apuesta suficiente por la innovación disruptiva?

Si pensamos en la innovación disruptiva clásica, es decir, tal y como la define el padre de la teoría, que es Clayton Christensen, diríamos algo así como que la innovación disruptiva, si eres una empresa «incumbente» como ESADE, «te la hacen», es decir, «la sufres». Y creo que eso ya está sucediendo. En nuestro sector hay innovación disruptiva, protagonizada por nuevos jugadores con propuestas de valor muy simplificadas orientadas a potenciales clientes no atendidos por los jugadores existentes, y que siguen una trayectoria típica de la innovación disruptiva, mejorando poco a poco las características de su oferta y convirtiéndose en jugadores cada vez más sofisticados y referentes. Creo que la mejor forma de abordar la innovación disruptiva es mediante la colaboración porque hay un momento en el que ambas tipologías de jugadores (nuevos e «incumbentes») pueden beneficiarse mutuamente. Otra forma de abordarla es mediante la propia «autodisrupción», para lo cual resulta imprescindible crear unidades específicas lejos de las sedes *(headquarters)* que trabajen en nuevas ideas, lo que en Google llaman *«moonshots»,* que aborden nuevos mercados, nuevos segmentos de clientes y nuevos modelos de negocio. Creo que hay muy pocos «incumbentes» que se manejen bien con esta vía, aunque está muy mitificada por algunos casos de éxito de grandes organizaciones que han dedicado inversiones millonarias a fomentar sus *moonshots.* ESADE es vulnerable a la disrupción, si bien hay un aspecto que la protege —y no es su reputación, altísima tanto a nivel local como global—: precisamente la complejidad inherente a los diferentes modelos que conviven en ESADE (de los que hablaba anteriormente) y ese ADN «adaptativo» instalado en pequeñas unidades autónomas. Esa confluencia de modelos y perspectivas hace que nuestra escuela de negocios esté en proceso de mutación constante, aunque la disrupción que se vislumbra es un factor que la estimula y acelera. Además, hay que tener en cuenta que, a diferencia de cuando Clay Christernsen formuló la teoría de la innovación disruptiva, hoy la «disrupción» es muy probable que venga de fuera de tu industria, como sucede en el caso del automóvil y de tantos otros sectores. Por otro lado, diría que en ESADE hay presión por los resultados como en cualquier otra organización pero, cuidado, porque en ocasiones precisamente obtener buenos resultados a corto plazo es un refuerzo de ese sistema inmunitario al que hacía referencia en la primera pregunta, ya que se reduce la necesidad de cambio.

Conclusiones

El cuadro de mando debe responder a las necesidades de la organización y no convertirse en una herramienta de mayor carga burocrática y escaso sentido. Para ello resulta fundamental establecer unos indicadores clave realistas que nos den información y sean fáciles de obtener. El cuadro de mando ha de ser el mínimo necesario y resultar efectivo para controlar y mejorar los procesos de innovación internos.

7. A DESTACAR

Las cinco palancas del emprendimiento corporativo ofrecen una metodología contrastada con experiencia real, un manual práctico y directo que te permitirá incorporar y desarrollar con éxito programas de intraemprendimiento e innovación en tu organización. La clave de la supervivencia, adaptación y renovación en este entorno turbulento y acelerado es incorporar lo mejor de los emprendedores en el ADN de nuestras organizaciones.

La creación de nuevos negocios, productos y servicios ha cambiado radicalmente en los últimos años, convirtiendo la innovación, incluso la radical y disruptiva, no en una moda, sino en la norma para sobrevivir. La globalización, la alta competitividad, un consumidor más exigente, la democratización del conocimiento y la rápida transformación tecnológica contribuyen a ello.

Las empresas consolidadas ven con temor la rápida y en ocasiones sorprendente evolución de pequeñas empresas emergentes que irrumpen con fuerza en mercados «tradicionales», consolidados y estables, amenazando su posición con modelos de negocio, productos o servicios disruptivos que pueden llegar a cuestionar o redefinir las reglas de juego.

Los beneficios de promover el emprendimiento corporativo, la innovación y la colaboración con empresas emergentes merecen correr el riesgo. Se trata de la vía más sana para el desarrollo y el crecimiento del negocio porque permite identificar a las personas clave que verdaderamente tienen capacidad de producir cambios, ayuda a retener a los líderes, detecta nuevas oportunidades de negocio y garantiza la competitividad haciéndola sostenible en el tiempo.

Los directivos y expertos a los que hemos tenido la oportunidad de entrevistar en esta obra a partir de nuestra colaboración y experiencias con todos ellos nos permite ofrecer una visión desde la práctica del emprendimiento corporativo, así como los retos a los que deben hacer frente y cómo los afrontan.

Un denominador común a todos es que han identificado claramente la innovación como un factor esencial de supervivencia y de adaptación a los nuevos tiempos, sea empujada por fuerzas externas (como los cambios tecnológicos, sociales, climáticos o de la demanda de clientes) o internas (como las nuevas inquietudes de sus equipos, la alta competitividad por el talento o la incorporación de nuevas generaciones). La innovación, independientemente del sector, desempeña un papel fundamental en todas estas fuerzas y se valora como una necesidad y una oportunidad de crecimiento y de mejora.

Un segundo denominador común es la implantación de principios de innovación abierta que permitan la colaboración con entidades externas, empresas, universidades, centros de investigación, asociaciones, etc. Cada uno según su escala de maduración y sector, ha buscado diseñar programas de colaboración bajo esta filosofía. En este caso, todos han comprendido la imposibilidad de generar las mejores soluciones y los mejores proyectos únicamente de forma interna y hacen más permeables sus esfuerzos a la comunidad externa. Los principios de la innovación abierta son atractivos pero en ocasiones difíciles de implementar. Como hemos visto a través de su principal exponente entre los entrevistados, Gonzalo Martín-Villa (Telefónica), su aplicación interna requiere tiempo, adaptación y refinamiento para conseguir desarrollar la estrategia a la operatividad diaria con éxito. Estamos convencidos de que en los próximos años esta tendencia continuará consolidándose, profesionalizándose y expandiéndose a otros niveles de empresas.

Ivan Bofarull (ESADE) nos ha aportado un pequeño contrapunto a la balanza al recordarnos la enorme dificultad a la que se enfrentan las empresas para implementar transformaciones internas, con independencia de los presupuestos de los que puedan disponer. Todos son conscientes de las barreras principalmente internas a las que deben enfrentarse para innovar con éxito, fruto de un «sistema operativo» orientado al volumen y a la eficiencia: exceso de procesos, burocratización, jerarquización, poca flexibilidad y reticencia al cambio, etcétera.

Cada entrevistado está en cualquier caso orgulloso de su «singularidad» y a su vez también valora las ventajas que su tamaño puede proporcionar a la hora de innovar respecto a empresas más pequeñas pero con menos recursos. Eso sí, siempre que la cultura innovadora y emprendedora empiece y sea apoyada fuertemente por la alta dirección, como apunta Mireia Torres (Bodegas Torres).

Una aportación muy relevante de esta obra es la medición de los resultados y el impacto del emprendimiento corporativo. Disponer de un cuadro de mando en el ámbito de la innovación es totalmente necesario si queremos medir, gestionar y comunicar, al igual que lo hacemos en ámbitos con más tradición, como los de las operaciones y las finanzas. Basándonos en nuestra experiencia con casos reales en diferentes sectores, hemos sintetizado el proceso para su elaboración ajustada a las características de cada empresa. Precisamente este punto ha sido en el que los directivos consultados han mostrado mayor disparidad de criterios a la hora de valorar y medir sus esfuerzos en emprendimiento corporativo e innovación. Gonzalo Martín-Villa no tiene complejos en confesar que medir los resultados en casos donde no hay ingresos sigue siendo un reto.

Plasmar en una foto el dinamismo de la realidad resulta misión imposible, por lo que el gráfico que nos muestra las cinco palancas es en realidad un sistema donde todos los elementos se interrelacionan y son dinámicos y flexibles para adaptarse con rapidez a los constantes cambios externos e internos. Cada empresa debe trabajar para ajustar y encajar todas las piezas (estrategia, ecosistema, captación y filtrado, puesta en marcha y cuadro de mando) con el fin de desarrollar con éxito sus programas de innovación y emprendimiento corporativo.

Cabe remarcar la importancia de buscar equilibrio y coherencia en las cinco palancas, cuya adopción es específica y única en cada organización. Por ello los programas de emprendimiento corporativo son auténticos «trajes a medida». Por ejemplo, de poco nos servirá concentrar nuestros esfuerzos en la generación de ideas si posteriormente la empresa no dispone de los recursos y conocimientos para desarrollar correctamente un proyecto en la fase de puesta en marcha. Otro ejemplo muy común es empezar potenciando la generación y el filtrado de ideas como una serie de actividades aisladas cuando tenemos un ecosistema interno que se encarga de eliminar cualquier iniciativa o cambio que se proponga.

No importa si eres propietario, socio, director general, director de un área funcional, jefe de área o miembro de un equipo, el modelo de las cinco palancas te aporta una visión global, completa y sistémica del comportamiento emprendedor de tu organización. Constituye una probada herramienta de análisis, reflexión y definición que activa el intraemprendimiento. De forma práctica obtendrás la agilidad, la flexibilidad, la pasión y el dinamismo para dar respuesta a entornos cambiantes y turbulentos, anticipándote y definiendo proactivamente el futuro de tu sector.

NOTAS

Capítulo 2

1. Pinchot III, G. y E.S., Pinchot, 1978, *Intra-Corporate Entrepreneurship.* http://www.intrapreneur.com/MainPages/History/IntraCorp.html.
Pinchot III, G., 1985, *Why You Don't Have to Leave the Corporation to Become an Entrepreneur.*
2. Foster, R. Profesor de la Universidad de Yale, 2001, *Creative Destruction.*

Capítulo 3

1. Abel, E.L. y M.L. Kruger, 2010, «Smile intensity in photographs predicts longevity», *Psychological Science.*

Capítulo 4

1. Chesbrough, H.W., 2003, *Open Innovation. The New Imperative for Creating and Profiting from Technology,* Boston: Harvard Business School Press.

Capítulo 6

1. Sull, D.N., 1999. «Why good companies go bad». *Harvard Business Review,* 77(4).
Gai braith, J.R., 1982, «Designing the innovating organization». *Organizational Dynamics,* 10(3), 4-25.
2. Basado en el sistema gráfico y proceso desarrollado por Du Preez, N.D. y L., Louw, *The Fugle Innovation Process.*

Palanca 1

1. Chakravorti, B. «A note on Corporate Entrepreneurship: Challenge or Opportunity?». *Harvard Business Review,* Jun 25, 2016.
2. Burgelman, R.A. y L., Valinkangas, 2005, «Managing internal corporate venturing cycles», *MIT Sloan Management Review,* 46(4), 26-34.
3. Russell, R.D., 1999, «Developing a process model of intrapreneurship: A cognitive approach», *Entrepreneurship: Theory and Practice,* 23(3), 65-84.
4. Kelley, D., 2011, «Sustainable corporate entrepreneurship: evolving and connecting with the organization». Arthur M. Blank Center for Entrepreneurship, Babson College. *Business Horizons* 54, 73-83.
5. Kurato, D.F y S. Jeffrey. *Corporate Entrepreunership Assessment Instrument* (CEAI). Hornsby, 2013.

6. ANSOFF, H.I., 1987, *Corporate Strategy* (revised edition), London: Penguin Books
ANSOFF, H.I., 1984, *Implanting Strategic Management*, Englewood Cliffs: Prentice Hall.
7. HENDERSON, B., 1969, *The Product Portfolio*, Boston: Consulting Group Perspectives: 66.
8. KIM, W.C. y R. MAUBORGNE, 2005, *Blue Ocean Strategy: How to create uncontested market space and make competition irrelevant.* Cambridge, MA: Harvard Business School Press.

Palanca 2

1. https://kickbox.adobe.com/.
2. http://www.shell.com/energy-and-innovation/innovating-together/shell-gamechanger.html.
3. «Big demands and high expectations», *The Deloitte Millennial Survey,* January 2014.

Palanca 3

1. CHESBROUGH, H., 2003, «Open Innovation: The New Imperative for Creating and Profiting from Technology», *Harvard Business School Press.*
2. OSTERWALDER, A. e Y., PIGNEUR, 2010, *Business Model Generation: A Handbook for Visionaries, Game Changers, and Challengers.*
3. RIES, E., *2011, The lean startup: how today's entrepreneurs use continuous innovation to create radically successful businesses.*
4. http://www.endesaenergychallenges.com.

Palanca 4

1. HALLER, H.E., 2008, *Intrapreneurship Success –Case Study– WL Gore Associates, Inc (Makers of Gore Rain Gear)/Intrapreneurship Institute,* Intrapreneurship Institute, Web. 01 Nov. 2010.
2. http://www.elixirstrings.com/.

MÁS ALLÁ
DE LA PALABRA ESCRITA

Autores que te hablan cara a cara.

Descubre LID Conferenciantes, un servicio creado para que las empresas puedan acceder en vivo y en directo a las mejores ideas, aplicadas a su entorno por los más destacados creadores del pensamiento empresarial.

- **Un** espacio donde sólo están los mejores para que sea fácil seleccionar al **conferenciante** más adecuado.

- **Un** sitio con **todos** los datos y vídeos para que estés seguro de lo que vas a contratar.

- **Un** punto lleno de ideas y sugerencias sobre las cuestiones más actuales e interesantes.

- **Un** marco para encontrar directamente a los grandes ponentes internacionales.

- **El único servicio de conferenciantes** con el saber hacer de **unos** editores expertos en temas empresariales.

- **La red de los mejores especialistas** en empresa que cubre España e Iberoamérica.

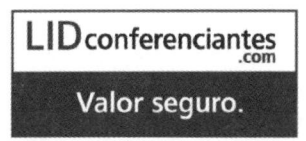

LIDconferenciantes.com

Valor seguro.

24
años

nos queda mucho por hacer

- 1993 Madrid
- 2008 México DF y Monterrey
- 2010 Londres
- 2011 Nueva York y Buenos Aires
- 2012 Bogotá
- 2014 Shanghái y San Francisco